AQUARIUS

AQUARIUS

AQUARIUS

AQUARIUS

Catcher

一如《麥田捕手》的主角，
我們站在危險的崖邊，
抓住每一個跑向懸崖的孩子。
Catcher，是對孩子的一生守護。

在琴鍵上學自信

獅子老師

好評推薦

很早就從部落格上看到意青的文章，而且驚豔。

她有正確的教育理念，更厲害的是，她的教學方法溫暖而快樂，時或不免陷入無奈的沮喪中，但很快便能再接再厲的奮起。寫出來的文章很具說服力，因為寫實、誠懇且不迴避困境，沒有把自己包裝成無所不能。

分享的概念在文章裡被淋漓盡致的體現，教訓、威權退位，感同身受的同理心、堅定的執行力上場；尤其是能站在孩童的高度上，與他們一起看世界，不會用幾十歲的成熟去求全稚齡的天真，甚至願意跟孩子們同悲喜，容易被感動，我認為這些情懷都是兒童教育最豐厚的資產。

我認定作為她的學生是幸福的，我們每一個人一生都在尋找這樣的幸福——

一起陪伴著我們溫柔成長的親人、老師甚或伴侶。所以，非常樂於推薦這本書。

——廖玉蕙（國立台北教育大學語文與創作系教授）

我哼起了書中的樂曲

陳之華（親子教育作家）

認識獅子老師，好多年了。初識獅子老師時，我還旅居在北歐，感謝網路的連結與部落格的風行，讓在北國的我，有機會透過它們一再地與世界接軌，更成就了我與獅子老師雖在天涯海角，也能溫暖互動的友情。

我一向就被她的文字吸引，也對她述說故事的方式著迷。她從生活、教學、成長點點滴滴所寫下的無數好文章，文采自然、流暢，字裡行間導引出一篇又一篇吸引人的故事，讓人迫不及待地一直想往下讀。

獅子老師再度出新書了，好高興能在出版前，搶先閱讀新書稿。我讀著讀著，又再次被她敘事的手法、趣味盎然的寫作風格所吸引。我因為實在太過度投入閱讀，還竟然好幾度手癢，忍不住走向客廳的鋼琴，打開琴蓋，拿出琴譜，拾起多年以來，總因一再舉家搬遷而無暇觸碰的琴鍵。

我彈了好久好久以前學過的樂曲，生疏的指法，不熟練地彈著，但心底卻是好生享受，只因腦海裡不斷浮現出獅子老師這本新書裡的字字句句。我回想著她的求學經歷、學琴過程，想著她和孩子學生間的情感互動，想著她書中好幾位成人、阿嬤學生在拾起鋼琴當興趣嗜好的那一種喜悅與成就感……。

距離我學琴的日子雖然很遙遠了，但卻能全心感受到書裡的許多悸動、啟發、用心與情感。捧著書稿閱讀之際，我好像親臨了獅子老師的教育現場，還跟著她和每位學生一起成長。我甚至還頻頻拿出紙筆，記錄下來自己不甚熟悉的樂章，也寫下自己日後希望有機會再學習的曲子。

閱讀，帶我進入了作者筆下的世界，帶給我無限的遐想。書裡的世界，有時我很熟悉，有時我極為陌生，有時是我曾經接觸過，但卻因現實生活而無法繼續向前行的。

閱讀，讓我有機會再次對於已經熟悉的事物，有了更多、更深的了解，讓我在曾經接觸過的事物裡，帶來許許多多揪心的觸動。閱讀，也為我在陌生的世界開啟另一扇視野，更會激發出一種莫名的動力，希望自己，也能有機會再次像書裡的人物角色一般，鼓起勇氣，找出時間，付諸行動。我每一次閱讀到一本好書，就會為自己帶來無比、無價的喜悅。

獅子老師的這本書，已然具備了這樣的魔力，它讓我在閱讀之中，一邊賞析、聯想，更一邊聽著、哼著一連串動人的樂章呢。

我還常常一手拿書稿，一手連結到YouTube網站，找出我熟悉的樂章，靜靜聆聽；同時，也找出了不甚熟悉的樂曲，仔細認識、欣賞它們優美至極的旋律。

感謝獅子老師分享了豎笛的學習經驗，讓我也有機會將經典老片《遠離非洲》的段落與莫札特豎笛協奏曲第二樂章再度連結起來，重新從另一個視角去欣賞這首極其美麗、動人的豎笛旋律。也要謝謝獅子老師，讓我聽了好幾遍蓋西文的《藍色狂想曲》、蕭邦的《敘事曲》……。

這本書，實在適合不同年齡層的讀者，也適合任何對音樂有與趣或希望有機會進入音樂世界的讀者，因為獅子老師總是會讓學琴者產生自信，讓初學者萌生信心，讓辛苦練琴的學生有了溫暖，更讓曾經或未曾學過琴的人們，對音樂、對人生、對自我都充滿愛與希望。

來自學生家長的感人推薦

在謙謙還沒成為獅子老師的學生前，我已經是老師的忠實讀者，讀她的部落格，也讀她的教養書。

老師的第一本書《琴鍵上的教養課》，光是書名便深得我心！說得多好，四歲的孩子學琴，如果學的只是音樂，那豈不可惜？學琴的過程，從聆聽、尊重、專注、持續，乃至於信心的建立，堂堂都是珍貴的教養課。

老師的書裡，篇篇寫的都是學生的故事，讀起來生動又溫馨。我不訝異於她有這麼多學生，而是訝異於她的學生怎麼個個特別，何以每個學生都能成就一篇故事，成為她的寫作素材？

原來，特別的不是她的學生，而是她的心和眼，每個學生在她心裡都是獨一無二的，在她眼裡都足以成為故事的主角。我很慶幸我為孩子做了這個選擇，獅子老師的教學風格就像她的文字，溫和而堅定。

謙謙是個瘋狂的孩子，而我也不遑多讓。星期五的鋼琴課，總是琴聲夾雜著笑鬧聲，看起來從未認真上課的謙謙，出乎意料地在這樣愉悅的氣氛下，悄悄地突飛猛進。

如今，獅子老師，已經不只是謙謙的鋼琴老師，她同時也是我的知己。我們相見恨晚，一拍即合，從電影、音樂、旅遊到美食，什麼都能聊。

她隱藏版的專長是安慰人，每每當我「卡關」，她都有辦法幫我「破解」。我不確定獅子老師會不會是我孩子一輩子的老師，但我確信，她會是我們家一輩子的朋友。

——**謙謙媽媽**

都會區的公寓叢林裡，雖然鄰居之間交際很少，卻也藏不住什麼隱私。某家有小孩練琴，那聲音上上下下都聽得到。幾次在電梯裡，鄰居阿姨會笑著問姊姊：「姊姊，你鋼琴彈得不錯喔？」姊姊一向木訥於應酬，只會回報一貫的傻笑。學琴對她不是難事，問題是她對練琴提不起持續的熱忱。

一天我突發奇想，或許可以換個方式，讓她自動練琴。

過了不久，在獅子老師派給她的曲子中，出現了一首「看」似簡單的樂譜。於是我出言拜託她：「妳可以教我彈這首嗎？」她眼睛發亮，躍躍欲試：「好哇！我馬上教你！」如此這般地開啟了我人生第一堂鋼琴課。我的啟蒙老師，就是最麻吉的女兒。

對於已過不惑之年的中年爸爸而言，手指肌腱就像老化的橡皮，幸好我的老師完全不介意，她運用最基本的教學法：「來，我們先彈右手……」她每次教我八個小節，但隔天睡醒後，腦袋裡只殘存兩個小節。

女兒也常在上課時，向獅子老師報告她的「教學」狀況，老師聽得很有興趣，有時還來個抽考，我說我可是家裡練琴練得最勤的人了。女兒自從我向她學琴後，她也學得更認真了。獅子老師常讚嘆我和姊姊的鋼琴互動，為最佳榜樣。後來，我們在電梯裡碰到不常來往的鄰居，問到：「姊姊，你鋼琴彈得不錯喔！」

這次換一向對陌生人不太會應酬的爸爸，回報一貫的傻笑說：「那是我彈的。」

——小迪爸爸

最近朋友見到我，第一句話總是說你最近看起來整個人都亮了，大家都好奇是什麼原因，我想了許久，改變我的是鋼琴，是和獅子老師學琴。

最近重讀了獅子老師兩年前寫的文章，瞬時掉入時光機。記得以前的我對自己很沒有信心，從小到大，學習過程中成績平平，雖然努力，但老師的眼光從沒落在我身上。和獅子老師學琴後，非常喜歡鋼琴，所以也很認真的練琴。

上課時，彈奏完練習的曲目，背後總會響起老師的掌聲，一開始，我很不好意思，但是老師總告訴我，我值得這掌聲，而且要開心領受它。在獅子老師的潛移默化下，我的自信一點一滴建立起來。

洪蘭老師曾說到一個人一生能遇見一個好老師就非常幸運了，我很幸運在離開學校十多年後遇見了獅子老師。

學琴這兩年半來，我的生活有了一百八十度的變化。還記得剛和老師學琴時，對自己沒有自信，擔心表現得不好，但是無論在鋼琴的學習上或是生活中，獅子老師就是我最好的啦啦隊，我知道她會在那為我加油。

還記得第一次老師邀請我參加學生鋼琴發表會，別說是上台演奏，想到要上台，當下「不」就要衝出口。老師以關心和堅定的語氣跟我說：「我相信你做得到，最壞的情況只是彈錯了，就再繼續而已。」在老師的鼓勵下，我有了勇氣跨出了這一步。每一回音樂發表會後，我知道自己更往前了。

獅子老師所說信心是一顆種子，一旦有發芽的機會，它會一直長一直長，這種子從一個點發展到一個面，改變了我的生活，謝謝老師在我心裡撒下這信心的種子。

——**小宇媽媽**

在我找到意青之前，我的孩子在音樂的門口等了六年！

回想起第一次見面，我忐忑不安的心還在七上八下的時候，九歲和十二歲的男孩在和意青眼神交流後，開開心心地像回到家裡那般自在地進入琴房。

我看著他們的背影，突然覺得他們就像是熟識多年的好友重逢，真的很奇妙！

意青從不讓兩個孩子比較，我看她用心安排曲目就知道，不過她在每半年一次的學生演奏會上告訴孩子的話更貼切：「音樂不是要完美，而是要表達自己。」所以我家兩兄弟指尖流洩出來的每一首樂曲都有屬於他們獨特的感情，每一首都特別，沒有人會說對方比較厲害。

假如我和爸爸沉醉在他們的琴聲中發出讚嘆，我會聽到孩子充滿自信地說：「名師出高徒嘛！」這一點，我真的超級佩服的！

孩子們和意青剛開始鋼琴約會沒多久，我們家的琴就不用闔上了，因為每一次經過的時候，孩子們總忍不住要去叮叮咚咚一下；隨著曲目越來越有挑戰性，有時候我想去幫忙也會被阻止：「媽媽，我想自己來！」再不多久，我發現他們在鋼琴課不能「缺課」只能「調課」上的堅持；今年大兒子在德布西的音樂中再度遇到關卡，這次靠的還是意青的仙女棒一揮，我們家中再度充滿了《歌劇魅影》的音樂！

意青教給我孩子的是勇氣、自信、尊重，還有喜愛這個世界的心，她不僅僅是我孩子的鋼琴老師，也是我的好朋友。

——**小漢媽媽**

我總覺得我是個音痴，不過我還是很喜歡音樂，後來為了幫還在上班中的女兒，我負責接送小孫子學鋼琴，偶然中聽到孫子的鋼琴老師獅子老師說願意教銀髮族彈鋼琴時，真是好驚訝！鋼琴不是要從小學起嗎？老人家的手指僵硬，不聽使喚，如何學起？

女兒鼓勵我去試一試，孫子聽到了更是開心，真的就去告訴老師，老師馬上說歡迎時，我好開心。

那是我給自己再出發的機會，而且是和孫子一起學琴，那是多開心的事，而且那一段時間，我正為著生病的妹妹，常常情緒盪到谷底，不知如何是好，音樂著實地幫助了我，給了我轉換心情的力量。就這樣我鼓足了勇氣，勇敢地去當獅子老師的老學生。

從此音樂走進我的人生。開始時，每一次去上課我都帶著忐忑不安的心，幸好老師很有耐心地從簡單的音符教起，找出琴鍵的正確位置，聽琴鍵彈出的音符，我好像是在和鋼琴玩遊戲，好開心。

不知不覺我走出情緒的低潮，也轉換了我的心情。每一次和小孫子一起大手牽著小手，快樂地學琴去的那種心情，真是甜蜜美好。

謝謝獅子老師替我打開了一直與我無緣的音樂天窗，讓我看到滿天的星星，真的好開心。

獅子老師也成了我的忘年之交，當我看著老師寫給我的賀年卡和一篇短文時，眼眶紅了。

老師居然細心地看到我深深的心意，只能再一次地說謝謝獅子老師，也謝謝兩位女兒的鼓勵，讓我有緣踏進這一趟音樂之旅。

——小安阿嬤

【自序】生命的樂章

在寫這本書時，我重新再把第一、二、三本書拿出來看了一次。我很少翻看它們，因為書中的學生和我的點點滴滴已經是我的一部分，只要聽到他們曾經彈得特別好的曲子，或讀到我們一起讀過的書，以及我們談論過的什麼，我就會想起他們，一個也不會忘，也忘不了。

但，真再翻閱一次，不禁想起電影《媽媽咪呀》裡面的一首歌，《Slipping through My Fingers》（時間從指縫中流逝），真的是如此。

如密妮，現在大學已經快要畢業了，上次我們通信，她說她會繼續讀研究所。我們聊了哈利波特的電影，她當然不滿意地指出一些電影裡不符合原著的地方；對我還是大不敬地稱呼為「老人」，我對她的稱呼還是不變：

「Mini Me」（小一號的我）這是她自己取的，因為她琴彈得好，覺得就像是小一號的我。

而「黑馬王子」也從哥倫比亞大學畢業了，畢業時還代表畢業生致辭。我寄了一本《琴鍵上的教養課》給他，把裡面〈我的黑馬王子〉貼上立可貼，說這是寫給他的故事。

他收到後，開心地馬上照了照片寄過來。

他大學畢業時還開了鋼琴演奏會，現在就讀醫學院，也幫音樂系的學生鋼琴伴奏，寫信給我，還是稱呼我「鋼琴媽咪」。

《琴鍵上的教養課》裡的〈我的黑馬王子〉，已從哥倫比亞大學畢業，且代表畢業生致辭。

他們都長大了。而在讀我這次的書稿時，很驚訝地發現我筆下的主人翁，也不過是六、七個月前我寫的故事，他們也已經比當時大了不少，如〈愛麗的異想世界〉的愛麗，上了國小一年級，還當了班長，現在不只中文非常溜，也很會說台語了；〈茉莉的眼淚〉裡的茉莉已經要上高中了，昨天才知道她已經甄試保送上了她喜歡的高中。

時間一直過，這時光的河流每天看，似乎流動得很緩慢，但幾個月或幾年再回頭看，很驚訝地發現當時的點點滴滴都留下了痕跡，那共同享有的鋼琴聲與笑聲好像都不再了，但也好像都成了永恆。

十年樹木，百年樹人。我前些日子終於聯絡上我國中的化學老師林老師，我一直記得她。

她是位很有耐心的老師，從來不曾大聲責罵或體罰我們。在那個升學壓力極大的年代，她對化學成績不好的我從來沒有顯露出任何輕視的神情，我對自己的功課已經很自卑了，但林老師總是對大家很好。

一次老師叫我到她的辦公室，我想是因為成績真的太糟，導師要她與我談談。

老師沒有說什麼大道理，她說化學其實不難的，只要了解原理，再套上公式就好了。她鼓勵我，說有問題可以找她。

老師對我說的那一番話，雖然沒有馬上讓我的化學成績提高，但我一直記在心上。

後來，我開始寫文章，便把老師寫了進去，也想聯絡老師，親自謝謝她對年少的我的鼓勵。在國中人事部的幫忙下，我總算找到了已經退休的老師。

林老師問我是哪一位，我很不好意思地說，「老師，你可能不記得我，我當時的成績不是很好，但，老師還是對我一樣好，我很感謝老師。」

老師笑說沒有什麼的。

其實，這是很了不起的，林老師做的，就是我一直記在心上的：尊重每個孩子。

老師看了我的書後，寫了信給我，她說：「寄來的書，我收到了，謝謝你。看到你充滿愛心，快樂優游於自己喜歡的領域，我好高興。又看到你榮獲許多獎，真是與有榮焉。你在書裡寫到『老師知道我不笨，至少老師看我時沒有別的老師眼中的不屑』，其實，在多元的世界裡，笨與聰明本來就沒有一定的準則，更何況，每個人都是上帝的傑作，我們怎麼有資格看輕上帝的傑作呢？當老師的，站在台上往下看，哪一個不是他父母的愛兒、愛女？人各有所長，在多元的世界裡，找到屬於自己的『座標』才是重要的。」

老師也告訴我，她當學生時音樂成績不好，常常被音樂老師特別關注。我看了不禁莞爾，原來，我們都各有長處，而林老師的信也為慘綠的國中生涯畫上一個完美的句點。

通常老師都是與本科成績較好的學生有聯繫，但林老師對我的影響不會比我的鋼琴老師少。

我也想起在美國時，我得的「最佳啟蒙老師」獎，那是榮譽學生參加人文夏令營時，學生選出心目中他們最喜歡的老師，我非常榮幸地得了三屆的獎，而這些學生在夏令營裡都不是因為音樂而入選，分別是數學組、舞蹈組和科學組。在他們給我獎狀之外，他們都寫了為什麼選我。他們都是我的鋼

學生江江帶心愛的玩具狗狗來上鋼琴課。

琴學生，也都提到我是他們的大朋友。

可以成為學生的老師，更進一步成為他們的大朋友，對我來說是至高的榮譽。

我記得林老師對每個同學的關愛與尊重，也記得她說的：「每個人都是上帝的傑作。」我們都是唯一。我希望我的學生不管以後做什麼行業，他們會記得我們在琴房分享過的音樂和笑聲，音樂是生活的一部分，是愛的一部分。

當心中有愛，有音樂，再困難的日子也可以走得下去，而當日子平順時，還有音樂相伴，那，就是生命的樂章了。

目錄

【故事的開始】鑲著銀邊的烏雲

當我看到電影《派特的幸福劇本》裡，男女主角參加跳舞比賽，最後裁判們拿起評分卡給分，總平均出來是五分，他們興奮地抱在一起狂叫歡呼時，我發現我的眼睛熱了，很怕一眨眼，淚水就要掉出來。

銀幕上他們又跳又叫，旁邊拿七點五分的選手本來還要安慰他們說這個分數是低了點，但他們可以再加油，以後還有機會之類的話，結果看他們這麼開心，反而覺得奇怪。

五分是很低的分數，他們怎麼會這麼高興？

那個時刻，我彷彿看到了國中時拿到六十二分的化學考卷的那一刻，我完完全全可以了解他們跳上跳下的喜悅。對完全沒有任何專業訓練的他們來說，雖然知道可能不會贏這比賽，但為了這五分，他們非常努力地練習，只求做到最好。所以，這五分對他們來說何其珍貴——如我的六十二分。

記得國中時的物理化學對我來說非常困難，我很少拿到及格的成績，但有那麼一次，我很認真地複習，考完試老師發回考卷給我時，她給了我一個鼓勵的眼神和微笑，我很困惑。

雖然我知道老師很好，從來沒有看不起我，只是鼓勵我，但發考卷時的微笑讓我不知如何去想。

我蓋住考卷，先看到了一個二。嗯，這不是個好兆頭，再鼓起勇氣翻開前面的數字，是六——六十二分，我及格了！

我的心唱著勝利的歌，小小聲的喜悅，不敢太張揚。

看著電影上的男女主角，我也好想與他們一起大聲歡笑。其實我已經好久沒有再想起這六十二分了。

上次肯尼來上鋼琴課，他是國三生，正為基測的大考忙得不得了。我問他準備得如何。他說不大好，總平均為九十二分。

我驚訝地問九十二分，怎麼會不好？那表示每一科都有及格啊！我說我國中的平均應該沒有這麼高。

他解釋因為他的朋友們都考得比他高。

「而且，老師，你的鋼琴很厲害啊！」

他的這一句話，給了我很大的衝擊。

可不是？但為什麼一提到國中的成績，我馬上就變回了沒有自信的十五歲的我，可憐地只希望化學會及格？而肯尼立刻就看到了我沒有看到的優點。

那天我接受了一個電視的採訪，主持人問我以前功課不好時，老師對我的態度是否影響了我。我當時愣了一下，因為我很久沒有再去想那個時候的事，畢竟也這麼久了，而且我也不再在意老師怎麼想了。

國中導師覺得我成績不好，不會成大器，我也早釋懷，因為我已經走出了自己的路。

我的朋友告訴我，他國中也成績不好，心慌得很，後來去讀了私立高中。大學聯考也沒有考好，後來只好重考。

多年以後，他遇到了以前的國中老師。老師問他現在過得好不好。國中老師對他印象不怎麼好，因為他的功課在班上一直墊底。

朋友說他現在過得不錯。老師又接下去問他後來有考上大學嗎，他答說有。

老師終於按捺不住問朋友讀了什麼。他說醫學院，老師才笑了。

我聽了，只覺得悲哀。當大人不看好一個孩子時，其實，損失的是大人。而成績真能代表一個人嗎？我很感謝我的化學老師，她看每個學生的眼神是一致的。她尊重我們的不同，也接受我化學不好的事實，她沒有如此而看輕我。

想起那個微笑，我越加感謝她。如鑲著銀邊的烏雲，從銀邊發出的微微光線裡，我看到無限的可能性和希望。

如電影的五分，如我的六十二分。我們都比這些分數多很多。分數終究是數字，數字不能代表我，只有我的夢想可以代表我。而烏雲後的陽光，將照著我，和我的鋼琴。

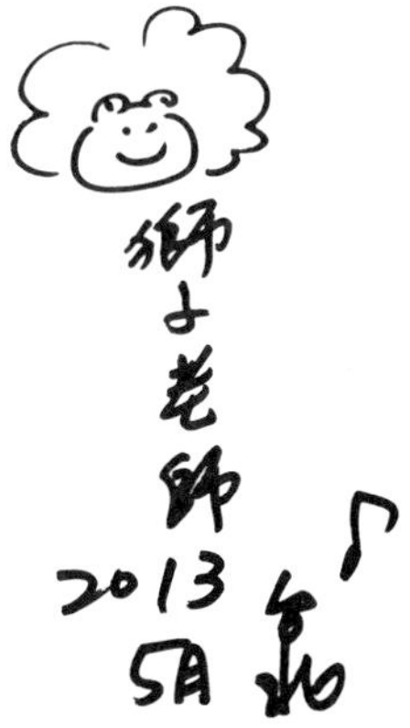

西子老西

我稱讚四歲的謙謙彈得好。媽媽說其實謙謙也會有沮喪的時候，他練不好，也會難過得哭了，但，哭泣後，他會再坐回鋼琴前練習。

媽媽寄了一段影片叫《過程》，這長達三分鐘的影片，卻看得我熱淚盈眶。

下午三點，我聽到門外小跑步的聲音，接著「砰」的一聲，厚重的大門被推開，一個小男孩興奮地跑進來，大喊一聲：「老西好。」

我笑了，是四歲的學生謙謙。他還不大會發捲舌音，剛來學琴時，還很費功夫的叫我：「西子老西」，久了比較熟了，就直接叫「老西」，反而是謙謙媽媽叫起我「西子」。

四歲，愛唱老歌

母子倆進來，媽媽幫謙謙把譜拿出來，說剛才在計程車上謙謙差點睡著，她好緊張，結果車上的收音機竟然適時地播出了他最喜歡的歌，他就醒過來了。

我問是什麼歌，媽媽噗哧笑了說我絕對不會相信一個四歲小孩喜歡聽什麼。我猜了猜，沒有猜對。

媽媽眨眨眼說：「《甜蜜蜜》。」謙謙一聽到媽媽說這首歌的名字，馬上唱了起來，「甜蜜——蜜——，你笑得甜蜜蜜——。」

謙謙還用鼻音唱起這老歌，把我們逗得哈哈大笑。

※ ※ ※

媽媽說這個禮拜學的曲子有些挑戰性，謙謙頗受挫折。

我問謙謙是這樣嗎，他點點頭。踮起腳尖，挪動小屁股，坐上了鋼琴椅子。

平日是媽媽陪他練琴，媽媽說練習這曲子時，兩人起了爭執就吵了起來。

媽媽要他道歉，他大哭跑走。

媽媽在客廳久久等不到小孩來道歉，進去房間就看到小小的他呈大字形地在床上睡著了。

「不過，他醒來後，又自己跑去練鋼琴，也就會了。」

謙謙扭動著身子，說：「你們不要再說了，要專心聽我彈。」

我們趕快正襟危坐，聽他彈琴。

※ ※ ※

看他專心地看著琴譜，彈奏著鋼琴，好像不久前我們才開始學琴。

爸爸媽媽帶他來面試時，他並不是很進入情況，因為在來的路上他在車上睡著了，到了琴房把他叫醒時，迷迷糊糊

謙謙哭到睡著。

中還記得叫我「西子老西」。

在琴房裡，我要他畫自己的左右手，各五隻手指頭，他畫了個大圓形；要他認阿拉伯數字，他一直說三角形，才知道他是指數字「４」長得像三角形；要他找黑鍵，他卻黑白不分。

我想他可能還太小，等一陣子再看看吧。

鋼琴小人生

我還沒有告訴爸爸媽媽我的想法時，爸爸說話了：「老師，這個孩子從小就很喜歡音樂，在我們的觀察下或許有些天分；以後他會不會念書或長大後做哪一行並不重要，我只希望他能一直保有音樂上的興趣，可以在他人生經歷低潮或遇到挫折時，藉以抒發，自娛娛人。」

謙謙玩起桌上的貼紙，我對爸爸的堅持有些訝異，通常對學鋼琴這事媽媽比較堅持，想不到遇上了個認真的爸爸。

我想好吧，試試無妨，若上課後，還是覺得不行，那就再說好了。於是我們敲定時間，開始了謙謙的鋼琴小人生。

爸爸的《三明治組曲》

如果說謙謙爸爸是校長的話，那麼媽媽就是教務主任兼訓導主任，還兼助教。通常謙謙一天練習兩次鋼琴，一次在去幼稚園上學前，一次是下課回到家吃晚餐前。

大部分的時間都是媽媽在指導，因為媽媽以前學過鋼琴，等晚上爸爸回家，便是爸爸的工作。

雖然爸爸不會彈琴，但他聽得出來曲子彈得順不順，需不需要再練習。媽媽負責謙謙學新曲子，而爸爸負責複習舊曲子。

有時候爸爸聽出興趣，還把一些曲子組合起來，叫《三明治組曲》給謙謙彈。當媽媽告訴我這《三明治組曲》時，我覺得好有趣，也覺得他們好有心。

很多時候家長說孩子不愛練琴，一問之下，鋼琴通常擺在客廳。孩子練琴時，家人則在一旁看電視，這樣孩子當然不會專心，也不會覺得彈琴是件美好的事。

要是可以獨立一個空間給孩子練習，或孩子練習時，給他安靜的環境，效果會比較好。

上課時，我彈起新曲子給他們聽，這時媽媽會抱起小謙謙，在我身旁坐下。她的下巴靠在謙謙的頭上，雙手環抱著他。

我彈起來。

「嗯，好聽。」

「這裡聽起來好難。」

「這怎麼彈？老西，要用踏板嗎？」

我一面彈琴一面說：「老西不是有教過你們，別人彈琴時要專心聽，不可以講話。」

「媽媽，你不可以講話。」

「還不都是你在發問。」

謙謙和家裡的貓。

「嗯，媽媽，這首好聽。」他們兩人，完全違反了琴房規則。

錄下彈琴影片，與老師溝通

媽媽也常等謙謙練好曲子，錄影下來寄給我看，好讓我聽聽有沒有錯音，或需要注意的地方。

影片裡好玩的是，常常謙謙彈著彈著，他家裡的貓就緩緩出現，走過鋼琴，然後喵一聲，好像在說：「彈得好。」

有次謙謙上課比較好動，我叫了幾次，他才聽話彈琴，結果當晚我就收到一段影片，媽媽說這很經典，叫我一定要看。

打開影片，謙謙胖嘟嘟的小臉一臉無辜，對著鏡頭說：「老西，我今天不乖。今天在老西的那裡，我不好好彈鋼琴，然後一副吊兒郎當的樣子，叫老西很傷心，謝謝，對不起。以後下次我再不乖的習（時）候，老西，老西，你就不要教琴了，你會生氣。謝謝。」我看完大笑不已，媽媽說這可是他自己要求錄的。

那天上完課，她也只是提醒他今天上課不太專心，他自己就很緊張，直說要向

「老西」道歉。

她還說要好好利用這影片，以後上課前先播給他看，讓他反省反省。

※ ※ ※

謙謙媽媽跟他一起來上課時，我建議她讓謙謙自己來，訓練他獨立。媽媽說他是很獨立的孩子，但很散，要是她沒有幫他記得上課的功課，他回家一定全部忘光光，我想也好。

常常上課時，我還沒有糾正他的錯音，就有聲音從背後傳來：「錯了，錯了。」我笑說「背後靈」又出現，幸好媽媽也很幽默，沒有覺得我冒犯了她。後來，她還以「背後靈」自稱。

哭泣後，再努力練習

我稱讚謙謙彈得好，媽媽說其實謙謙也會有沮喪的時候。他練不好，也會難過得哭了，但，不管怎麼樣，他不會放棄。沮喪，或哭泣後，他還是會自己再坐回鋼琴前練習。

媽媽寄了一段影片叫《過程》，這長達三分鐘的影片，卻看得我熱淚盈眶。

影片裡謙謙試著把兩手合在一起，但怎麼彈，不是左手快了一些，就是右手彈錯音，等到兩手終於合在一起，拍子又錯了。

我看得有些著急，只見謙謙停了下來，搔搔頭，看看譜。再來一次，再一次，再一次。

這是何等的不容易，**這麼小年紀的他，其實已經悟出了鋼琴大道理。**就是這樣**一次次不順又失敗的練習，造就了音樂。**

※※※

幾個月後，我們開了學生發表會，謙謙也上台，我們一起表演了四手聯彈，上台前媽媽問他會不會緊張，他問什麼是緊張。

我們走上台敬禮，他抬起小小的臉蛋看我，我心一動，想著這音樂的種子由我種下，現在種子開花，將由他的手指綻放了。

我慎重地點點頭，一起彈了起來。

樂聲響起，我微笑，知道見證了他小生命裡最美好的一刻。

音樂Do Rei Mi

鋼琴該擺在家裡哪裡好呢？

鋼琴最好擺在一個獨立的空間，如書房或孩子的臥房裡，要是擺在客廳也可以，孩子練琴時，就不要看電視。

盡量在孩子練習的時候，給他一個安靜的環境，也在孩子彈得好，或有進步時，給他掌聲鼓勵，相信孩子也會很開心的。

愛麗的異想世界

五歲的愛麗上課時，竟然指著新的功課說：「簡單！」嘿，她說的可是中文啊。我非常感動。

想著她一個小小孩，從不敢與我對話，到上台演奏，再到會用中文說「簡單！」這其實不是那麼「簡單」的事啊！

夏日的早晨收到一封信，來自愛麗的媽媽。她說因為先生工作的關係，他們帶著五歲大的女兒愛麗從美國搬回台灣。愛麗不適應台灣而有些孤單。

女兒曾提及想學鋼琴，台灣的老家還一直保存著媽媽兒時的鋼琴，所以想問問我願不願意收這個學生。

「愛麗其實很酷，她不喜歡人家招呼她，但她其實很專情。只要她愛你，她會不計一切地愛你，不管你愛不愛她。」媽媽寫道。

我讀著信，有些心疼。

※ ※ ※

雖然我還不認識愛麗，但可以想像一個小小孩，突然來到了陌生的國家，雖然是爸爸媽媽的故鄉，中文她也聽得懂，但要她用中文表達，一定很不容易。

想起我剛到美國讀書時，是二十歲的學生，英文已學了很多年，聽寫也有相當的程度，但到了美國，開始生活在英文的環境裡，前幾個月的時間真有些困難。教授們上課，劈哩啪啦的英文，加上音樂術語，寫筆記、記重點是很大的挑戰。往往上完課，看旁邊的同學已經寫了很多頁，而我可憐地只寫了幾個字。

當然，時間久了，就上軌道了。但那時我已經是個大人了，文化的衝擊也花了些時間來消化。而小愛麗也才五歲，一定更難吧？想到這裡，我馬上回信給媽媽，說我很願意教愛麗。

媽媽開心地告訴愛麗，說為她找到了一個會說英文的鋼琴老師。

愛麗很開心地問媽媽說，老師會understand她的英文嗎？媽媽說Yes！而我也很期待認識這個「很酷，很專情」的愛麗。

聽得懂「喵」的老師

愛麗來上第一堂課，比我想像的還害羞。

我盡量假裝不在意她的害羞，問她話時，她眨著大眼睛，抿著嘴，但嘴角有笑意。我想那就是懂的意思，我再繼續。

看起來好像我在自彈自唱，但我知道我的聽眾可是一個字都沒有漏掉，因為她的眼睛沒有離開過我的臉。

我們用ABCDEFG來學音符唱名。對說英文的小孩來說，學起來會比Do Rei Mi Fa Sol La Si簡單。

愛麗學得很快，雖然還不敢正面回答我，但她以小貓咪的喵聲來回應我。

坐在後面一起聽課的媽媽告訴我，愛麗其實除了喵，還會說別的話的。

我笑答我知道，但「喵」我也聽得懂。

貝多芬與皮卡丘

叮叮咚咚的鋼琴聲慢慢建立起愛麗與我之間的橋梁。音樂是沒有任何界限的語言，不用英文或中文，真正為這橋梁點亮燈的其實要感謝貝多芬。

當我彈《快樂頌》給她聽的時候，愛麗的眼睛發亮了。

問她想不想學，她說Yes。

「終於，你說話了。」我說，她也笑了。

除了貝多芬，我們的橋梁還包括了皮卡丘。給她皮卡丘貼紙時，她會一一介紹神奇寶貝們給我認識。

想每天上鋼琴課的女孩

愛麗的爸爸媽媽一起陪同來上課。當愛麗彈得好的時候，他們會拍手當啦啦隊。當愛麗彈錯時，媽媽會洩洩愛麗的氣，我聽了覺得好玩。

媽媽問我何時可以不用當書僮了。我說其實愛麗只要不會怕，就可以一個人來上課了。她說等不及那一天到來，那她就自由了。

她告訴我，愛麗上次才一下課，就問媽媽明天可不可以來上鋼琴課。她說下次上課是下個禮拜，愛麗問為何不能每天上課。這對我來說，真是比皮卡丘貼紙還要棒的獎賞呢。

幾個月後，愛麗再來上課時，已經不會害羞了。我也開始限制她選皮卡丘貼紙的時間。「五秒，你只有五秒的時間選貼紙。」我說。

她會緊張又興奮地大笑，趕快選一張貼紙，但仍堅持告訴我那隻神奇寶貝的名字及魔力。

她彈鋼琴越來越放鬆，而且怡然自得，常常邊彈邊唱。有時我也加入她一起唱。

當我唱錯歌詞時，她還會糾正我。

孩子的大無畏精神

過了一些時候，我想或許愛麗可以上台表演了。當我告訴媽媽這個想法時，媽媽驚慌失措！

「你確定嗎？她……她很容易怯場的。我怕她到時候鬧情緒就不上台，那怎麼辦？要是上台彈錯，怎麼辦？」

我安撫媽媽說我會陪愛麗上台，要是她真不要，也不會勉強她的；若彈錯的話，重來就好了啊。

我們大家都在學習中，更何況愛麗的曲子也不長，再彈一次，也不會花太久的時間。媽媽聽了大笑，也比較釋懷了。

其實，教書這麼多年，我還沒有看過小朋友怯場。會怯場的都是比較大的學生，或是大人。

我常想這是為什麼？**是不是年紀越大，我們對自己越沒有信心？還是隨著經驗，我們知道了什麼是恐懼？**所以，我很喜歡看小朋友的第一次演奏會。那樣的大無畏精神，我也想再學習。

一次，一次，做給孩子看

接著我教愛麗怎麼敬禮。「這樣，愛麗，看老師示範。兩

小朋友很認真的貼貼紙。

腿併攏站好，敬禮時，頭低下來，再起來時要看著觀眾微笑。」

愛麗很有興趣地看著我，但沒有跟著我做。我以為她不懂，就再敬禮一次給她看，再一次，再一次。

媽媽看不下去了，跑過來說：「哎喲，老師一直對我們敬禮我們受不起，來，也受我回禮。」說著媽媽也對我敬個禮。

我們大笑起來，愛麗歪著頭看我們笑。我們三個一起敬禮。

※※※

演奏會來到，愛麗的媽媽比愛麗緊張一百倍。愛麗穿了很漂亮的紅色洋裝，與我合奏《聖誕鈴聲》。

我們第一個上台，她站得筆直，我們一起敬禮，坐上椅子。我數拍子後，開始了她的第一場演奏會。

她彈得又順又好，大功告成。

會後，我告訴媽媽，「你看，早告訴你，她可以的啊！」

媽媽說她下次就不會緊張了。

我說愛麗看起來一點也不緊張，她說：「我是說我自己！」

不簡單的小小孩

音樂會後，鋼琴對愛麗有了新的意義。她主動練琴，邊彈邊唱的功力比我還厲害。

媽媽也畢業了，不用當書僮，送愛麗來後，一人逍遙地在外閒晃。愛麗上完課，會自己下樓。

一次，媽媽說她遲了些來接愛麗，有點擔心遲到了。只見愛麗一人在大廳繞著聖誕樹欣賞燈飾，一點也不慌張。

「我的愛麗長大了。」可不是？我告訴她：「愛麗上課時，竟然指著新的功課說：『簡單！』嘿，她說的可是中文啊。」

說著說著，我竟然感動了起來。

想著她一個小小孩，從不敢與我對話，到上台演奏，再到會用中文說「簡單！」這其實不是那麼「簡單」的事啊。

※ ※ ※

她們走出大樓，愛麗下課的腳步似乎又比上課時來得輕快。我可以想像愛麗過了馬路後，在寬敞的人行道上飛奔起來的樣子。

愛麗跑得好快，路上的鴿子嚇到了，紛紛飛起，讓路讓路啊，我來了。

我想起舒曼〈兒時情景〉裡的第一首曲子《Strange Land and People（陌生的國度和人們）》，這個她爸爸媽媽的故鄉，對她是不是已不再陌生了？這個異鄉已是她的家鄉了，雖然遠在天邊的美國才是她的故鄉，但人生不就是如此？來來去去之間，長住了下來，異鄉就成了故鄉。

應該是了吧，看她跑的樣子。

這裡對她不再陌生，想起她大聲地說「簡單！」我又笑了。

歡迎回到家鄉，親愛的愛麗。

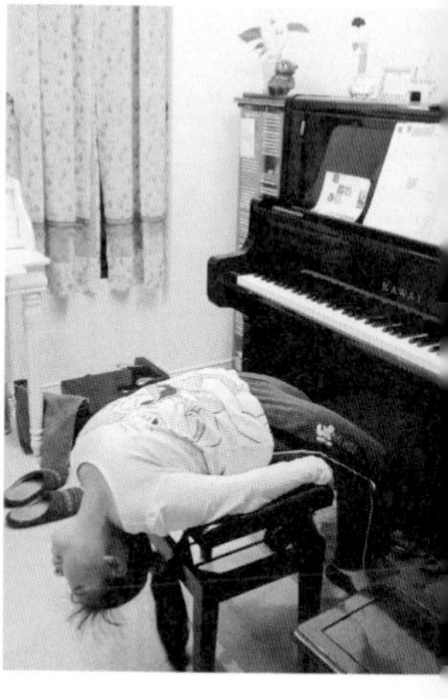

小朋友都喜歡這樣「坐」鋼琴椅子，柔軟功！

音樂Do Rei Mi

孩子不愛練琴，怎麼辦？

當孩子不愛練琴時，多鼓勵他們參加音樂活動，如鋼琴學生發表會或鋼琴比賽或檢定，還是學校裡舉行的才藝表演等等，以這些活動來鼓勵學生多練習，都是很好練琴的動力，也給了學生上台的機會，訓練他們的膽量。

家長也可以和鋼琴老師討論看看，或許安排和別的鋼琴學生一起練習四手聯彈的曲子，增加一些不同的鋼琴樂趣。

少年維特沒有煩惱

我問你進了第一志願的高中，有沒有很開心。
你沒有改變你的表情，只說：「還好。」
對著很多人擠破頭要進去的學校，你也是「還好」兩個字就帶過去了。
但，我相信，你所謂的「還好」是你知道你將會全力以赴。

今天是新生訓練的日子。你媽媽告訴我早上她起了個大早，為你準備了豐盛的早餐。

送你出門後，把早餐的照片寄給我：有稀飯、菜包、炒蛋、炒雪白菇、德國香腸、豆腐乳、水梨，一桌的飯菜，滿滿的愛。

想你穿起高中的卡其制服，背上書包，出門去搭捷運時，心情會是如何？媽媽今早看你出門的背影時，心情又是如何？

上個禮拜，你來上鋼琴課時，我問你最近的曲子，最喜歡哪一首。

你沒有像以前那般沉默不語，很快地告訴我你喜歡貝多芬《悲愴奏鳴曲》。

我笑了，因為我想也是。

※※※

第一次聽你彈琴，是在你的小學畢業鋼琴演奏會上。

班上的同學都很歡樂地圍在你身邊，聽你彈琴。有莫札特的奏鳴曲，有舒伯特的《野玫瑰》，他們都給予熱烈的掌聲。

會後，你的弟弟也客串了幾首曲子，你這個做哥哥的也以熱烈的掌聲支持他。

你的老師們都很捨不得你離開，主持演奏會的老師還開了一個很經典的玩笑：「阿寬，你留下來？還是老師跟你走？」大家都笑壞了。

全球英數達人冠軍

你一直是個大家都喜歡的學生，好學又有禮貌。喜歡數學，更喜歡研究其中的奧祕。

一次，朋友打電話給我，要我趕快去買當天的報紙。

她說：「你看看A版裡的大照片，英數達人的冠軍，是不是阿寬？」

我趕快去超商買報紙，打開報紙一看，果然就看到你靦腆的笑容，手中拿著超大的獎杯。

報紙上寫著：全球五十萬人參賽的英數達人比賽，有二十七人滿分，你是台灣七個拿到滿分學生中的一個。

我讀著報紙，實在很佩服你。我也沒有辦法理解你在全球大賽裡拿滿分的數學達人的頭腦。

報上寫著你的話：「做數學一定要仔細，心不可以浮躁。」我想這就是你啊。

回絕一位難求的音樂班

你從幼稚園開始學琴，在國小三年級的時候，還考上了一位難求的音樂班。

媽媽說你們在麥當勞吃漢堡、薯條時，接到了入取通知。薯條吃完時，也討論好了不去讀音樂班。

我喜歡你和媽媽之間的坦白溝通，雖然知道音樂班不好進去，但你更知道你的興趣不在鋼琴上。

你希望做完功課可以彈彈琴，鋼琴的聲音就是一種安慰。媽媽了解，也沒有再說什麼，就直接打電話去音樂班回絕了報名。

後來，彈琴到了一個瓶頸，你不想彈了。媽媽讓你休息了一陣子後，問你要不要換個老師上上，你答應了。

從音樂了解學生

我記得很清楚你來上課的那一天，彈了貝多芬的《月光》，雖然有些生澀，但聽得出柔柔的夜色。

彈畢，我說很不錯，也告訴你，鋼琴課完全是以你為主。你喜歡彈什麼，我們就學什麼，沒有任何壓力。

你點頭表示同意。

後來，我才知道你非常的內向，很少說話。

我問你喜歡這曲子嗎？

你會說：「還好。」

那別的曲子呢？

你說：「不知道。」

我急了，再問你別的問題。

你還是很堅持你的三言兩語。

我只好告訴自己，不要急，路遙知馬力。我總會更了解你的。

不從你的話語，就從你的音樂。

提早參加高中甄試

國中三年，因為功課，鋼琴課調整為兩個禮拜一次。後來國三比較忙，有時候因為考試，你會請假，但你沒放棄過鋼琴。

我們彈蕭邦夜曲時，媽媽寫信告訴我，她是個很幸福的媽媽，可以一邊炒菜，一邊聽你彈夜曲。

「我從來沒有想過會有蕭邦陪伴我做菜的一天。老天對我太好了！」我看了大笑。

你忙的時候，我知道鋼琴是擠不進忙碌國中生的時間表裡，但是只要你有時間，總是如期地來上課。

問你學校功課如何。當然，你的回答還是，「還好。」

※※※

媽媽說在很多個禮拜的大考完後，你回到家的第一件事竟然就是去彈琴。

媽媽倚在門邊聽，一邊傳簡訊告訴我。

鋼琴，真的成了你的興趣，把你帶到你可以休息的遠方。

國三，一天天地朝著基測的日子前進，我才知道你「還好」的功課讓你提早參加高中的甄試。

準備期間，你照樣來上鋼琴課。

再難的樂章，也背了譜

一眨眼，你國中要畢業了。我問你要不要參加我們的鋼琴發表會，你說好。準備了貝多芬《悲愴奏鳴曲》的第三樂章。

我想你可能沒有時間背譜，便告訴你可以看譜。演奏會上，你們遲到了，因為你要去領市長獎，但你一到會場，就輪到你了。你走上台，沒有帶譜，從容地敬禮就座，彈了起來。我才知道你已經把譜背起來了。

《悲愴》第三樂章，貝多芬挑戰他即將耳聾的悲慘命運，向世界宣告他不會被打敗的。

你快速不容遲疑的琴聲響起，如一匹馬跑向前方，不停地跑，充滿希望地向前跑。

我小聲地對媽媽說你背譜呢，媽媽說她也才發現。

而我也發現雖然你少言，但你以行動告訴我，你喜歡鋼琴。不管有多忙，你總是抽空彈琴，不然你不可能把這麼難的樂章背起來的。

你也告訴了我們，雖然你最愛的是數學，但鋼琴總會有它的位置。

「還好」，是全力以赴

想著你今天跨進校園的第一步，你會想著什麼？會不會對新學校充滿好奇，緊張或興奮？

上個禮拜來上課，我問你進了第一志願的高中，有沒有很開心。

你沒有改變你的表情，只低沉地說：「還好。」

對著很多人擠破頭要進去的學校，你也是「還好」兩個字就帶過去了，但，我相信對你來說，你所謂的「還好」是你知道你將會全力以赴。

當你仰望紅樓，我祝福你，相信這未來的三年，你會收穫滿盈。

再彈一首貝多芬，願我們的少年維特沒有煩惱，有的是無限量的願景和努力。

音樂Do Rei Mi

學鋼琴的目的是什麼呢？

學鋼琴，最主要的目的，在於把音樂介紹給孩子，它是一個通到音樂世界的管道，經由彈鋼琴，我希望孩子們可以藉由這個機會參與別的音樂活動，如參加合唱團，或樂隊的鋼琴伴奏或教堂司琴，或與別人合奏等等。

它不應該只是一個人在琴房孤獨的練習，它應該是一把可以通往美好世界的鑰匙。

我希望每個學琴的孩子，都能夠因為會彈鋼琴而使得他們的人生更為寬闊、美好。

老衲之歌

「老師，你都沒有問Nana的名次。」

我才想到我沒有問，因為我覺得他們去比賽，已經是很了不起了。

我笑了笑說：「Nana有很好的經驗，就是參加比賽最好的獎品了。」

媽媽同意我，接著說：「Nana拿了第一名。」

前一陣子寫完學生〈娜娜之歌〉，等她來上鋼琴課時，我問她喜不喜歡我寫的。

出乎意料，她搖搖頭說：「老師，你把我寫得太怪了，而且我不喜歡那個『娜』字，好粉紅啊。」

我說不出話來，想不到我筆下的女主角是這樣的反應。

她繼續：「我找了《康熙辭典》，你可不可以把『娜』字改成『那』字？或老衲的『衲』？」

我駭笑答怎麼可以。她明明就是一個六年級的學生，離老衲的形象非常遙遠。

「拜託你，我受不了『娜』字。」

我四兩撥千斤地把譜擺上鋼琴說，來彈琴。

自己找譜、學新曲子

Nana告訴我她在網路上找到了一些鋼琴曲，很想試試看。她彈了起來，很有意思的旋律，很現代的和弦。我彈起高音部的主旋律，發現這是一首聽了就會喜歡的流行歌。

我們在音樂教室彈著，別的小朋友都跑過來聽，甚至隔著門大叫著：「Nana，這首是什麼曲子？」

Nana沒有停下彈琴，頭也不回答道：「這是One Republic的《Apologize》。」

小朋友們在門外也唱了起來，我才知道這首歌很有名。

※※※

看著Nana自己找譜，自己學新曲子，我非常高興看到她的進步。

Nana的姊姊也學琴。她從小聽姊姊彈鋼琴，不知不覺中，也把所有姊姊彈的東西背得滾瓜爛熟，所以等到她彈到姊姊的舊曲子，就學得飛快。

後來，我發現了這個小祕密，就給了她完全不一樣的東西。

剛開始Nana學得有些辛苦，因為她得自己讀譜來學音符，而不是靠聽來的旋律，但幾個禮拜以後，她也學得很好，進步很快。

除了她自己喜歡的流行歌曲，我還給了她一本巴洛克的鋼琴曲集，多為對位式的曲子，非常不同。

她也彈得很像一回事。偶爾會抱怨這本譜裡很少大調的曲子，再不彈大調的音樂，都要憂鬱了。

我聽了，趕緊找了大調的基格舞曲給她。

從不喜歡數學，到全班數學第二

我們上課是禮拜二，她總是穿黑色的T恤。

問她為什麼。她嘆氣說，因為禮拜二有數學課。

「我不喜歡數學，想到放學後還要補數學，心情就不好。黑色的衣服說明了我的心情啊。」

我問她喜歡鋼琴嗎？她說喜歡。

「那這樣鋼琴可以蓋過數學的黑色心情吧？」

她搖搖頭說：「獅獅，蓋不過的，蓋不過的。」我聽了大笑。

後來有一次，她終於換了不同顏色的衣服。我問她今天沒有補數學嗎？她開心地點頭說對。

「好奇怪，我雖然不喜歡數學，但是你知道嗎？我這次期中竟然考了九十八分。」

我很高興她換了顏色穿，也希望這高分可以讓她喜歡上數學。

漸漸地，她越來越少穿黑色T恤。聽說畢業考時，她數學全班第二。

住院，看完四本厚厚的《倚天屠龍記》

暑假時，Nana媽媽打電話來說得幫她請病假。因為Nana得了盲腸炎，肚子痛了幾天，去看醫生，馬上就住院，當晚就開刀了。

她也告訴我Nana恢復得很好，要我不要擔心。

再看到Nana是兩個禮拜以後的事了。她氣色很好，問她有沒有任何不適。她說好得很，而且現在已經可以跳來跳去了。

「大家不是說吃飽後不要亂跳，要不然肚子會痛嗎？既然我已經沒有盲腸了，亂跳也沒有關係啊。更何況我住院的那幾天，因為很無聊，就把《倚天屠龍記》看完了。」

什麼？那麼厚的四本小說？「會不會很難懂？」我問。

「不會啊，很好看呢。獅獅，你應該讀，我想你會喜歡的。張無忌從不是很強的人，變很強喔。」

拿下第一名

看她恢復得很好，想起八月底有場鋼琴比賽，還有一個月的時間。問她想不想參加，她問可以彈什麼曲子。

這比賽有流行歌曲的項目，我說可以試試《Apologize》。

在這個月裡，我們除了複習外，她還把本來即興的部分加以改編，也把原譜裡的展示奏重新練習，整個聽來更有味道。

比賽到了，我祝她好運。

比賽當天，我等到晚上才打電話問她彈得如何。

她媽媽接的電話，說很多人比賽流行歌曲，彈的曲子都比較長，也比較難，像《歌劇魅影》或《夢中的婚禮》。

「當然，我們聽自己的孩子，總覺得他們彈得最好。我和她爸爸覺得Nana的音色一彈出來就不一樣。她的曲子雖然比較短，但整體感覺很完整。Nana一彈完，她告訴我們，她覺得她應該是第一名。」媽媽說完，笑了起來。

我在電話這頭，聽了很是感動。

我多喜歡學生對自己有信心，更喜歡他們不只懂得欣賞別人，也懂得欣賞自己，可以肯定自己是多麼美好的事。

「老師，你都沒有問Nana的名次。」

Nana和姐姐小孟四手聯彈。

我才想到我沒有問，因為我覺得他們去比賽，已經是很了不起了。參賽本身就是一種肯定。

我笑了笑說：「Nana有很好的經驗，就是參加比賽最好的獎品了。」

媽媽同意我，接著說：「Nana拿了第一名。」

※※※

我想那真該給她她要的名字——老衲，雖然她一點都不像老衲，而我也要開始來讀《倚天屠龍記》了。

老衲變強了，獅子更是要努力，你說對不對啊！

音樂Do Rei Mi

學鋼琴一定要參加比賽嗎？

參加鋼琴比賽，學生可以學到很多，它是很好的上台機會，也可以觀摩別的鋼琴學生的成果。

但，學鋼琴不一定要參加比賽，要是鋼琴老師有舉辦學生發表會，也是很好的活動。

只要是可以帶動學生練習動力都是好的，如學校裡的音樂社團，如合唱團（可以當伴奏）、節奏樂隊、直笛社或任何音樂的社團。

我的水果莎拉

我們在選曲子時，她很篤定地指著它說：「就是這一首。老師，我要學！」我看了看，三個降記號，通常學生都避之唯恐不及的曲子。她竟然指定要學。

在捷運上我發著呆，今天忘了帶耳機出來，沒辦法聽音樂。車廂外黑溜溜的似航行在地底下，其實我有些掛念著我的水果莎拉。

水果莎拉是個很可愛的小女孩，無憂無慮的，總是發出咯咯的笑聲。最大的煩惱是手指不夠長，不能彈蕭邦的《幻想即興曲》；最大的假想敵則是姊姊。

「臭姊姊。」她總是這樣叫姊姊。她的姊姊完全沒有被激怒，因為也習慣了。看著她們的互動，我都會想起那個叫我「蟾蜍查某」的妹妹。

已經有三個禮拜沒有看到莎拉了。她家裡有事，暫停了幾次課，今天再開始，上次學到一半的德布西《黑娃娃的步態舞》，不知道她練得如何？演奏會就快到了。

她選了其他學生不敢挑的曲子

想起我們在選曲子時，她很篤定地指著它說：「就是這一首。老師，我要學！」

我看了看，三個降記號，通常學生都避之唯恐不及的曲子，她竟然指定要學。我想她可能還沒看到下一頁，降記號邪惡地變成了六個！趁她還沒有改變主意之前，趕快拿起鉛筆，把日期寫在曲子上，不讓她有反悔的機會。

她從鋼琴椅子上站了起來，要我彈給她聽。

《黑娃娃的步態舞》是德布西很可愛活潑的曲子，難的是很多「突擊」的還原和升降記號。

明明前一小節這個音還是降，下一個小節又變成升高半音，好像在與短暫記憶挑戰。

彈到一半時，我停了下來，告訴莎拉，這有名的法國音樂對上德國音樂的惡作劇。

法國人總覺得德國人太嚴肅認真，而音樂史又首推歌劇大王華格納的「Gesamtkunstwerk」（完全藝術作品），他什麼都包了——歌劇的作曲、歌詞，到服裝，甚至舞台設計，還在德國的黑森林裡蓋了座歌劇院，專門只演出他的歌劇。

而德布西就把華格納最有名的歌劇，〈特里斯坦和伊索爾德〉裡的《死之歌》前奏曲，淒美的旋律寫進曲子裡。在淒美之後，馬上來了像扮鬼臉的跳音，堪稱一絕。

我邊彈邊解釋，也被德布西逗笑了。

莎拉沒有笑。我問不好玩嗎？

她指著譜說：「老師，這一段這麼難，我怎麼笑得出來？」

我彈畢，她馬上很認真地坐下，學起了第一頁。

這就是莎拉，我總愛叫她不同的沙拉名稱：「凱撒沙拉」、「和風沙拉」，後來覺得還是「水果沙拉」好聽，有時候就直接叫她「水果」。

第一次上她的課時，就覺得她很有音樂的天分，稱讚她彈得好。她聳聳肩笑笑。我問她，難道不覺得自己彈得好嗎？

她說姊姊比較厲害，她沒有姊姊彈得好。

再問她喜歡鋼琴嗎，她說倒是比較喜歡畫畫，鋼琴排第二。

我說沒關係，畫畫或是鋼琴，只要她喜歡，都希望她樂在其中。

姊姊是她的偶像，當然，莎拉絕對不會承認這件事。

※※※

一次，她上完課，換姊姊上課。她搬來椅子坐在我們後面，像個虔誠的聽眾。

姊姊彈起哈察都量的觸技曲，莎拉聽得津津有味。

轟轟烈烈、盪氣迴腸的觸技曲，姊姊彈得很精采。彈畢，莎拉從小椅子站起來拍手。

「姊姊彈得好棒。比我們班的同學彈得好，那個同學已經學過這曲子了，不過，姊姊彈得比較好聽。耶，姊姊勝！」

練琴，引來鄰居關切

一天，我帶了莫札特的幻想曲來。姊姊看了譜，以為是給她的。我說是給妹妹的，她有些吃驚。

莎拉把譜接過去看，馬上指指鋼琴，要我彈給她聽。

如海浪般的前奏，一波波地潮起潮落，打雷了，小跑步去躲雨，等著天晴。幻想曲，意即自由的曲風及不同速度的變化，而莫札特也沒有忘記寫進上行及下行的半音音階，好來炫耀技巧。

那天上完課，我走出莎拉家。門一關，就聽到她已經練習起來了。

後來，莎拉媽媽說連鄰居都來「關心」莎拉，因為她太認真練習了。

克服最大的挑戰

下一堂課時，我問莎拉練習得如何，會不會太難。

她說已經全部練好了。

我很吃驚，要她馬上彈給我聽。

她小小的手，果真彈起幻想曲。

是的，我聽到了潮起潮落，也聽到了雷聲，雨就要開始下了。我等著，等著那四段又上又下的半音音階。

她也知道這是最大的挑戰，沒有問題，每一次的音階右手接到左手，左手再接到右手，沒有間斷。

她彈完，我說太棒了。

她不好意思地笑笑。

我問她最喜歡哪一段。

她指著那像龍身一般長的半音音階。

我不禁有所感嘆地告訴她，她的鋼琴彈得很好。

她困惑地看著我，因為她不相信我。

我說：「是的，水果，我知道你比較喜歡畫畫，但那不表示你的鋼琴就沒有畫畫來得厲害。那，有沒有比姊姊好呢？其實不能這樣比，因為姊姊比你大，早你幾年學。這樣說好了，姊姊要是與你同年紀，都是五年級的話，那你們可能一樣厲害。」

她只當我癡人說夢話，沒有說什麼，繼續彈她的鋼琴。

※ ※ ※

她也很特別，上完課等姊姊時，她拿出書來看，我彈起鋼琴。看她讀得很起勁，不禁問她在讀什麼。

「英文文法書。」

我不相信，把書拿過來看，真的是文法書。

「好好看耶！」她說。

我把書還給她，心想我的水果莎拉真是太與眾不同了。

完美的展現

下了捷運，才走到了莎拉家，在樓下就聽到了鋼琴聲。到了她家，她笑盈盈地說：「老師好。」

我說她好像長高了些。她說手指還是一樣短，沒有更長。

她很擔心德布西。我也是，不過我沒有說出口。

「彈給老師聽吧。」我說。她調整了椅子的位置，慎重地彈了起來。

我等著錯音，等著她停下來，告訴我她只練到一個段落。

但，沒有，她一直彈下去。著名的法國對德國的音樂玩笑也過關了。

我笑了出來。她轉頭看我，眼神問彈得如何，我大力地點頭。

她繼續彈，回到了A段，她全部彈完了。

我笑了，不可置信地看著她。

莎拉和姐姐茱莉贏得鋼琴比賽的獎杯。

她也看著我，等著我改正她。
我終於說：「水果，你做到了。你全部學完了。」
她焦急地問，「那這一段呢？」
「很好啊！」
「都沒有錯音？」
「沒有。」我們都很驚喜。

※※※

她很開心地要我再彈一次給她聽。
我坐上鋼琴，她要我等一等。
「老師，你和Pascal Rogé（法國鋼琴家）一起彈。好了，我要按『播放』了。」
我才驚覺她把CD放入音響裡，要我和Rogé鬥琴一起彈《黑娃娃》。
我一定不能丟臉，硬著頭皮彈了下去。
「啊，老師，你慢了，啊，老師你快了……」
我一面彈一面笑，我和Rogé一起彈完，謝天謝地。莎拉開心地拍手。

小小鋼琴家

我說：「莎拉，你知道嗎？老師在你的年紀，還沒有學到這曲子呢，所以也就是說，要是我跟你同年紀的話，你比五年級的我厲害喔。」

她看看我，覺得我又在胡說八道了。我笑了，心想不知何時她才會知道自己真的是個小小鋼琴家。

※ ※ ※

我坐上椅子，開始了周杰倫《不能說的・祕密》裡四手聯彈的第二鋼琴。

她笑了，也坐過來，把手擺好，要開始第一鋼琴。

「老師，你應該有練琴吧。」

上次我們合奏，我表現得不是很好，莎拉不甚滿意，難怪她會擔心。

「有，我有練琴。」我說。

「那就好。」她放心地彈起她的第一鋼琴。

我想要是我回到了小學五年級，她會是我的偶像。

當然，這是不能說的祕密。

吾愛巫師

他待我不哭了，說：「你忘譜，So？這是每個人都會發生的事，包括我自己，真的沒有什麼。這不過是告訴你，你還沒有準備好，還需要加強。我們還有兩個禮拜的時間，你好好背，我會幫你的。回家去好好休息，下次交一篇報告給我，看你從這學到了什麼。」

就這樣？

老師沒有罵我或說任何重話，以為他會說我不夠格主修鋼琴，但沒有，他要我再接再厲。

下午教鋼琴時，拿出以前的琴譜給學生看，想比照一下不同版本的表情記號。學生指著譜上豆大的英文字母，問我是什麼意思。

那是大學鋼琴老師寫的字「Count」。很不給我面子的，如在對我咆哮般地，提醒我彈那一段樂句時要數拍子。

「還有這裡。」學生興奮地翻到下一頁。「老師，這裡，他要你注意什麼？」

譜上寫著「Louder」，他不僅要我彈大聲一點，還把ffs（強音記號）畫了起來，像在說：「看到沒有？這裡要大聲啊！」我大笑了起來。

這些筆跡如在看照片般，把我帶回當學生的日子。

天才鋼琴家

第一次看到巫老師，是剛到大學時才註冊完，拿著一大堆表格找教授簽名。我

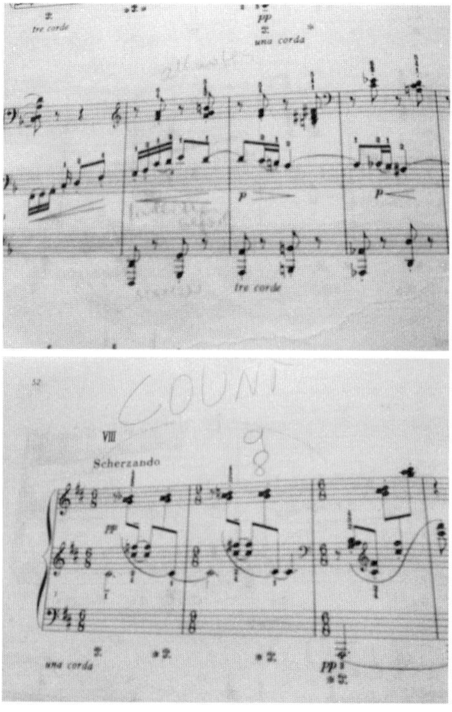

巫老師當年寫在譜上的記號。

還沒有主修老師，學姐推薦這位從波蘭來的巫老師。

「他是天才型的鋼琴家，很厲害。」

我要打電話給老師之前，自己先練習了幾次英文對話後，才提起勇氣打給他。

老師聽完我背稿般的自白後，要我下午到琴房找他，先聽聽我彈琴再說。

在老師的琴房兼辦公室前，我緊張地等老師來到。

忽地一個胖胖的男子走了過來，一身米色的襯衫和長褲。褲子的長度不夠，還露出一截襪子。

「嗨，你是鋼琴學生嗎？」我站起來說：「是的。」

他打開琴房的門，說他就是巫老師。巫老師的姓不好發音，Wodnicki，W發V的音，唸起來比較像是Va-ni-ski。聽說一位學姐怎麼學，就是學不會唸老師的姓，總是念成「烏膩ki」。

後來，老師放棄了希望，而她成為所有學生中唯一一個被允許稱老師名字的人，其他的人皆稱他為巫老師。

我戰戰兢兢地彈了巴哈和蕭邦的曲子給老師聽。

他點點頭說：「好，我可以收你為學生。」我很高興地謝謝他。

巫老師的Great Wall

巫老師的琴房一點都不如我想像的優雅。

兩台三角大鋼琴並排，琴蓋都沒有打開，上面擺滿了譜。

牆上的書架沒有放什麼東西，桌子上有兩三個菸灰缸。

另外一面牆貼滿了節目單，不是裱框掛上的，而是很隨意地用膠帶貼上。有的節目單還泛黃。除了這些，還貼有他兩個小女兒的塗鴉。後來才知道所有的乾坤都在這些看似破舊的節目單裡。

這面牆上的曲目有蕭邦一整套前奏曲或練習曲，有普羅高菲夫奏鳴曲第七、第八和第九首（「普通」人一場演奏會彈一首普氏的奏鳴曲，就很了不起了！），也有李斯特超技練習曲、協奏曲、室內樂……。

那時候上得頭昏腦脹的鋼琴音樂史，往往學完一個時期的曲目，到老師的牆上一對照，老師早已在年輕時演奏過。

我私下叫這面牆「Great Wall」。

一針見血的老師

是的，如學姊先前告訴過我的，巫老師是天才型的，所以有時候他不大懂得我們這些「凡人」學生的鋼琴「疾苦」。

當有練不起來的地方，他會坐下來在鋼琴前，胖胖的手指飛快地彈過一遍，然後起身，把點著的香菸拿來吸一口說：「看，這有什麼難的？」

一位大陸來的鋼琴碩士學生要我幫他一個忙，「請你問問老師，舒曼《狂歡節》裡右手大拇指彈主旋律的那一段，他是怎麼彈的？可以彈得這麼快？」

我問老師，他緩緩地再吐了一口菸說：「就是用大拇指彈的啊。」

老師也是務實派的，他說得不多，但句句精準。

我練了一首蕭邦的夜曲，每次到了後面一段，才可以把夜曲的氣氛掌握得好。他說只要我把最後一段的感覺拿到前面來，就很好。

他不會告訴你要感受悲傷，還是要想像可憐的遭遇。他會直接告訴你主題要出來。聽不到主題，就什麼都沒有了。

不管主旋律有和弦或三度音，最高的那個音就是主要的旋律，如在說故事的人一定要口齒清晰。若聽不清楚，就什麼也沒得彈（談）了。

克服心中的恐懼

記得很多次上課時，老師咆哮著：「我聽不到，我聽不到，我—聽—不—到！」

我心想你叫那麼大聲，怎麼聽得到？

他示範給我聽，才知道我以為已經做到的，原來還是不夠。

「**當你認為你已經做得很多了，還要再多**，不然，觀眾聽不到的。你不是在彈給我聽，要想像你是彈給兩百位觀眾聽啊！」

我的另外一個問題是我的Forte（大聲）不夠大聲，任我怎麼用力，擺動手臂，音量還是很小。

我沮喪地說：「我做不到。」

他嗤之以鼻，說：「我聽過發出最大聲響的彈奏者是一位五歲的小孩子。他都做得到，你怎麼做不到。」

所以，我想像五歲孩子怎麼敲鋼琴，發現他們敲打過程裡，手臂完全的放鬆，沒有一處是緊繃的。對了！就是這樣。我終於也會彈Forte了。

原來，鋼琴Piano本來是Pianoforte這個術語來的，原意為「小，大聲」，因為本來十五、十六世紀的鍵盤樂器，發出來的音量都很小，後來一七五〇年的時候，才被義大利的樂器家克里斯多夫用了鋼板和鋼弦加以改造後而發明了鋼琴，稱之為Pianoforte，意即這樂器可以彈小聲和大聲之分，再後來，人們就把這個過長的名字縮為Piano。

現在我也常告訴學生，不要害怕彈大聲，因為鋼琴本來就是可以任我們盡情地彈奏。

告訴自己做得到

巫老師還有化腐朽為神奇的功夫。他幫同學彈李斯特鋼琴協奏曲的第二鋼琴，當起管弦樂團的分身。

我在一旁幫老師翻譜，聽著聽著，我聽到長笛、小提琴、大提琴，甚至定音鼓的音色。

我問他怎麼模仿別的樂器的聲音。

他說：「Just listen.」

但最受益的是一次曲子裡有一段樂句，我覺得很困難，練習了很久。每次只要彈到那一段，心裡害怕就彈得更快，反而錯誤百出，速度也拉慢了。

他說我想太多了。

他繼續：「記住，當有困難的地方，你要告訴自己做得到的，想像你在飛，身體是輕的。你做得到的！」

神奇的，當困難的樂句將要來臨。我告訴自己，這很簡單。突然手指變輕了，我就彈完了。我開心地看老師。

他指著他的頭說：「不要忘記，一切的魔法都是在這裡。」

演奏課的挫敗

巫老師不褒不貶，你用功，他覺得理所當然。你不用功，那就等著被除籍。

升大三那年，科裡有檢定考試。我搞不懂為何還要考一次，明明已經是鋼琴主修的學生了。

原來，科裡還要再檢定一次，看你有沒有維持一定的水準可以晉升到大三。要檢定考了，老師叫我先在演奏課練習上台。

我準備好了，雖然緊張，還是上台。

燈光一暗，我走出來，同學們拍手。我坐下，手擺好，開始了巴哈的賦格。

賦格，如德國機器般精準得無懈可擊，環扣跟環扣之間要是沒有接好的話，如掉了一個螺絲釘，整個機器就沒辦法運轉。

我開始了賦格的主題，高音部先唱，接中音部，接低音部，然後三聲部開始對唱，比武鬥法般地糾纏，但，不知怎麼了，一個不小心漏了音，我心臟幾乎要停了！

我繼續彈，繼續彈，希望手指頭可以自己找到起頭。沒有。它們自己也迷失了。

我停了下來，很快地知道自己已經緊張得記不得譜。

我從頭再開始，那真是錯誤的決定。

這次彈得更糟，主題彈完後，就接不下去了。

我草草彈了終止式，敬禮下台。

一走出演奏廳，我大哭，一直哭到老師的琴房。擦擦眼淚，猶豫著要不要進去告訴老師。

我敲了門。老師打開門，看我哭得滿臉通紅，也猜得出發生了什麼事。他要我進去。

恐怖，卻很有效的訓練

他待我不哭了，說：「你忘譜，So?這是每個人都會發生的事，包括我自己，真的沒有什麼。這不過是告訴你，你還沒有準備好，還需要加強。我們還有兩個禮拜的時間，你好好背，我會幫你的。回家去好好休息，下次交一篇報告給我，看你從這學到了什麼。每個經驗，好的壞的，我們都可以從中獲益。」

就這樣?老師沒有罵我或說任何重話，以為他會說我不夠格主修鋼琴，但沒有，他要我再接再厲。

所以我回家，睡了一覺，起來後精神好多了，就到琴房練習，練習，再練習。

再上課時，我交了報告，也彈賦格給老師聽。

他不斷地打斷我，再叫我繼續，看我有沒有辦法再接下去。

這是很恐怖的訓練，但也很有效。

我的賦格很牢固，**「當你要上台演奏，百分之一百的準備是不夠的，百分之兩百才夠。」**老師說。

彈完檢定考。我到琴房找老師，問他我有沒有通過。

他點了一支菸，慢慢地說：「嗯，是的，你的檢定考，我想想。對了，你的巴哈……」我緊張地看著老師，他找了一下桌上的東西，我以為他在找考試的檢定表。

不是，他從一堆紙張裡找出菸灰缸，彈彈手上的菸灰，繼續說：「你的巴哈……」

我差點要站起來說：「先生，行行好，就告訴我通過了，或沒通過就好。」

「你的巴哈，太無趣了，boring.」

沉不住氣的我終於問了，「請問我通過了嗎？」

老師假裝愣了一下，說：「原來，你是要問這個。你通過啦。」

十五年後，相見

多年多年以後，我也是老師了。再見到巫老師，是十五年後的事了。

我應學姐邀請，回到以前的大學城舉辦的鋼琴比賽當評審。一回到校園，第一件事是到琴房找巫老師。

站在琴房前，百感交加。以前要進這個門，抱著琴譜，充滿期待，不知老師會覺得我練得如何。

琴房裡傳來李斯特的奏鳴曲，澎湃激動又浪漫。我輕輕地把門打開，學生彈得忘我。老師看到我很高興，示意我先坐下。

他打斷學生，叫他下次再繼續。學生謝謝他走了。

老師很開心地給我一個大擁抱，說：「走。我們到外面去。」

我們走出大樓，老師從口袋拿出菸，點火抽了起來，我們都笑了。

看著老師，發現老師瘦了很多，人也變帥了。

他謝謝我的讚美。近來他已經減少抽菸的次數，也開始運動。美國全面的禁菸運動做得很透徹，現在老師要抽菸，得出來迴廊。

我們聊起學生，都希望他們可以更用功些。我問起老師的小女孩，也都上大學了。

老師的下一個學生跑著來上課。他和我說再見，和學生進門去了。

我看著那學生，同我以前一樣地緊張興奮，不禁羨慕起來，當學生真好。

※　※　※

看著譜上巫老師的筆跡，感謝他為我寫下的註解。每一個提醒及建議，都讓我受益匪淺，而他所教給我的點點滴滴，每天都用得著，不只在自己的進修上，在教學上更是。

※　※　※

學生問我，我彈得比較好，還是我的老師。

我笑了說：「難道你沒有聽說嗎？我的老師是天才，是讓我心服口服的天才。」

音樂Do Rei Mi

在演奏會上，忘譜怎麼辦？

準備上台表演時，背譜是一大挑戰，忘譜是一大恐懼。我的老師告訴我，一定要有百分之兩百的準備，這樣上台若緊張的話，也不會表現得太離譜。

但，若在台上彈錯了，也不要慌張，繼續彈下去，盡量不要往回彈，或從頭開始，因為很有可能因為緊張，而越彈越錯。

若忘譜，盡量找熟悉的樂句繼續下去，不要急，不要亂，把曲子彈完。

少年維特媽媽的煩惱

小書來上課，他沒有帶譜。

他沒有坐到鋼琴椅子上，反而坐到角落的椅子，低頭說他不想學了。

晚上接到好友麗的電話。她最近上班很忙，用這個時間打電話給我，一定是有事。果然，她說兒子小書告訴她不想學琴了。

其實身為小書的鋼琴老師，我也有預感，但聽小書親口說出來，還是覺得有些感傷。

麗嘆了一口氣說，這學期小書練習得很少，她本來想等這個學期過完再看看，想不到小書就先告訴了麗，他不想再上鋼琴課了。

想再學一次鋼琴

我覺得惋惜，因為小書幼稚園時學過短短幾個月的鋼琴，一直到他六年級時，才告訴媽媽想再試一次鋼琴。

媽媽開心之餘，把他帶來見我，那時，他已經和我一樣高了。

我解釋樂理及曲風，他馬上就可以吸收，也彈得很好。

他進步得很快，初學的課本一下子就彈完了，教學的教材也在幾個月內全部學完。第二個學期，我們已經開始學起簡單的巴哈和貝多芬。

※　※　※

麗很開心地告訴我，她好喜歡家裡充滿了琴聲，尤其當小書迷上了貝多芬的《月光》。

她有些惶恐地問我，他怎麼進步得這麼快，已經要把她趕過去了。麗也會彈琴，她最拿手的就是《月光》。

小書來上課，告訴我，他最崇拜的人就是媽媽了。媽媽彈的《月光》比他好聽一百倍。

我轉告給麗，麗下班後也開始練琴了。

青春期煩憂

後來，小書進了國中。麗憂愁地告訴我，她覺得小書已經慢慢步入青春期了。他現在很少和她說話，回到家，就窩在房裡看書或彈琴，沒有像以前一看到她下班，就急急地與她分享學校發生的大小事，而且，他的脾氣比以前大，動不動就生氣。

「我真煩惱啊，我的小書到哪裡去了？」

我笑著反問她：「那你以前青春期時表現如何？有沒有讓你爸媽很擔心？還是和他們吵嘴？」

麗大笑說，她那個時候簡直要把家給鬧翻了，爸爸媽媽都拿她沒有辦法。

我說就是了，我那個時候也動不動就哭。媽媽看了又擔心又氣，明明沒有什麼事，我卻小題大做，常常關門大哭，覺得全世界的人都不了解我。

麗接下去說：「或許你也不了解自己，又怎能要求爸爸媽媽了解呢？」

我說這就對了，所以小書的情況還算是可以接受的，不要太煩惱。

遇上學琴瓶頸

小書在鋼琴演奏會上彈了《月光》，讓我和麗都覺得好驕傲。

他上了國二，還是開心地來上課，總是好脾氣地與我對答。

我們也學了聖桑的《天鵝》。他的左手琶音不夠快，他一面彈，一面笑他的這隻天鵝吃太多，太胖了，所以游不快。

《天鵝》學完，我們往德布西的《夢》前進。這首的難度較高，我們一頁頁地學。

我也告訴他不急的。學多少，算多少，因為這譜也多了很多複雜的節奏。

小書剛開始第一頁學得不錯，後來，就慢慢地停滯下來。

我問他是不是學校功課比較多了，沒有時間練習。他支支吾吾地沒有回答我。

幾個禮拜過去了，《夢》停在第三頁。

我不想給他壓力。上課就與他一起練習，**想讓他知道所有困難的東西都可以這**

樣分解學習。

我也婉轉地問過他最近好不好，有沒有什麼事。小書總是笑笑，搖搖頭說：

「很好。」

他沒有多說，我也就沒有多問。

我知道他正處於瓶頸期，希望我可以帶他走過，要是走得過，那我們就能夠繼續下去，而且會走得很遠；要是走不過，那麼他應該很快就會把鋼琴停了。

果然，他走不下去了。麗希望我可以和小書談一談。

她覺得即使他不學了，也要由他來告訴我，而不是她打電話來說的，所以小書這個禮拜還是會來上課。

我說好。我想了解他的癥結所在，也非常謝謝她的用心良苦。

從一個故事開始

小書來上課，他沒有帶譜。看樣子是準備攤牌了，我請他進來。

他沒有坐到鋼琴椅子上，反而坐到角落的椅子，低頭說他不想學了。我說：

「好，我了解。」

我清清喉嚨說：「小書，請聽老師說，你是很特別的一個學生，因為很少有人六年級才開始學琴，我很欣賞你那時候想學就來上課了，也證明了**起跑點是可以訂在任何時間點，想學的動力才是重要的**。而我也從你那裡學到六年級開始學琴也不算晚。你看你也會彈貝多芬的《月光》，不是嗎?那並不簡單呢。」

小書沒有說話。

我說：「沒關係，你想要停掉鋼琴的話，也好，休息一段時間看看。或許以後你還想回來，就回來。」

他輕輕點點頭。我問他要不要聽我說一個故事。

他說：「好。」

我把《歌劇魅影》的鋼琴譜拿出來，說：「讓我告訴你一個會唱歌的幽靈的故事。這個幽靈住在巴黎歌劇院的下水道裡，他很會彈管風琴，也是個音樂天才。有一天，他聽到樓上歌劇院傳來克莉絲汀的歌聲。他一聽就知道唱歌的女孩子很有天賦，只是沒有受過訓練。他想要好好栽培她，就把她帶到這個下水道。」

我彈起《歌劇魅影》的主題曲，低音半音音階的伴奏，就如同他們走下階梯，要到下水道的路；低音下行的音階一直轉調，可見他們轉了多少彎，才到下水道，也可見那下水道有多深。

我察覺到小書本來低下的頭慢慢抬了起來，而且湊過來，也和我一起讀譜，幫我翻頁。

我不動聲色的繼續彈。下一頁是克莉絲汀在歌劇院的首演名曲《Think of Me》。

我很喜歡這歌曲，而最打動我的是克莉絲汀的情人勞夫對她唱的情歌《All I Ask of You》。

降D大調是我極為鍾愛的調號，雖然有著五個降記號，但聽起來有說不出的柔情萬種。

答案，在音樂裡

小書很熱切地幫我翻著譜，終於他說：「老師，我可以試試看嗎？」

我站起身，把鋼琴讓給他。

他急急翻到第一頁的《歌劇魅影》。「那下行的低音音階太好玩了，聽起來好恐怖。」他找到位置後，彈了起來，換我幫他翻譜。

麗這時悄悄地進到教室。她很驚訝地發現是小書在彈琴，而不是我。

我和麗等他彈完。他轉頭看到媽媽，說：「媽媽，我要來學《歌劇魅影》呢。老師，譜借我，可以嗎？」

我說：「當然可以。」

「所以，下個禮拜同一時間？」媽媽小心地問小書。

小書把頭埋在譜裡，點點頭。

「謝謝老師。」

他們走了出去。麗對我比了個大拇指的手勢，我笑了。

※ ※ ※

那晚麗寫了信給我，謝謝我帶著她家的少年維特勇闖琴關。

我告訴她，不用謝我，不是我把小書帶回來的。

是音樂，當他迷失時，再引導他回來的答案，原來，都一直藏在音樂裡。

音樂Do Rei Mi

當孩子學琴到了一個瓶頸，不想彈了，怎麼辦？

當孩子學到一個瓶頸時，家長可以和孩子談談，是因為什麼原因而不想彈，是因為曲目？或學校最近功課比較多，還是想把時間花在別的活動上？也和老師多談談，有什麼是家長可以幫得上忙的。

老師、學生和家長是一個小團隊，唯有三方一起合作，效果才會更好。

華生老師和那隻叫巴黎的狗

老師一進來，又叫了我的名字。

我想完了。

老師說：「上次我要她把作業寫上黑板，因為她忘記我們作業的主題。我回去後，越想越覺得不對。因為她是很好的學生，功課沒有一次遲交，每次都寫得很好，而我卻為她一次的疏忽就當你們的面修理她。我這樣做是不對的，所以，我要向這位同學道歉。對不起。」

樂理課一直是音樂科班的必修課，從大學到研究所都是如此，但課程的範圍就廣了，不再只是對位和曲式分析。

我們可以一個學期都研究莫札特的室內樂，還是布拉姆斯的交響曲，或直接來上學生畢業演奏會要彈奏的曲子，有趣多了。

研究所的樂理老師是華生老師，和福爾摩斯的助理同名。華生老師曾經在巴黎讀過書，她很喜歡巴黎，每年暑假一定會去巴黎度假。

「巴黎也會跟我一起去巴黎。」什麼？原來，老師養了一隻叫巴黎的狗。我們從來沒有看過那隻狗，不過，老師提到牠的時候，原本嚴肅的臉就柔和了許多。

※※※

老師個子小小的，短短的灰色頭髮，只穿褲裝。大大的眼睛，看你的時候，你最好有她要的答案。

她對研究生的要求很高，也對有些學生不用功的態度不以為然，但沒有特別地點出來，後來有位學生功課沒有做完，她看不下去了，說：「你們都是大人了，有些事我真不需要再提醒你們。」說完，已經很大的眼睛瞪得更大，大家都不敢說話。

我一向對樂理課沒有什麼特別的喜好，但，這一次，我卻上出了興趣。

可能因為學了這麼多年的樂理、曲式分析、對位和弦，終於可以融會貫通，我們討論的不再是正規終止式，還是拿坡里六和弦，而是這個段落轉調和哪一個樂章一樣，哪些曲子也是這樣進行的。

有時候我們就聽一個樂章，有時候學生上台分析曲子。

要放暑假了，華生老師就樂了。

「我們準備好了，要去巴黎的咖啡廳坐一個暑假再回來。」「我們」，指她和小狗巴黎。

學生們聽了非常羨慕，大家只希望暑假可以放久一點，因為畢業考就要來臨。

「巴黎人真正文明啊，不像這裡，寵物都不能進餐廳。在巴黎，巴黎都可以和我一起坐在咖啡廳，還和鄰桌的小狗玩呢。」

我腦中浮現出雷諾瓦的名畫《船上的午餐》。

老師向學生道歉

再開學，一切進入緊鑼密鼓中。某次上課，老師進來後，直接點了我上台把她指派的作業抄上黑板，那是很簡單的複習作業。

我抄完了後，老師問大家說這次的作業是轉調，那黑板上抄寫的樂句有轉調嗎？

我一驚！心想，糟了，我忙於別的報告，這個作業看似簡單，我便草草交差了事，誰知就是我做得最差的一次。

老師慢慢走到黑板，拿起粉筆改正我的錯誤。

我羞愧得抬不起頭。

後來第二堂課，我很小心地檢查作業，確定沒有錯才交出去。

老師一進來，又叫了我的名字。

我想完了，這次不知道又漏掉了什麼。

老師清清喉嚨說：「上次我要她把作業寫上黑板，因為她忘記我們作業的主題。我回去後，越想越覺得不對。因為她是很好的學生，功課沒有一次遲交，每次都寫得很好，而我卻為她一次的疏忽就當你們的面修理她。我這樣做是不對的，所以，我要向這位同學道歉。對不起。」

老師說完，對我欠欠身。

我漲紅了臉，比上次還不好意思。

老師說：「好，那我們上課。」

比樂理更重要的東西

那一堂課，我永遠也忘不了。

華生老師可能不知道她教給我的東西，遠比樂理還重要。

老師現在已經退休了，可能和小狗巴黎真的住到巴黎去了。是不是每天散步在巴黎的街頭？是不是走一走，就和小狗在咖啡廳坐下來曬太陽？

所以，當我在教學生如何分析一首曲子，或教他們辨認終止式時，我總會想起華生老師，和那隻叫巴黎的狗。

椰子樹下的舒伯特

我怕音樂科考不上。

每次彈貝多芬給老師聽，他總告訴我：「沒問題的，你一定考得上。」

從我開始準備到我考完那一天，他沒有改變過他的話。

早上打開電子信箱，看到了學生小君的信，告訴我她大學的導師鍾老師過世了。

鍾老師對她與對我都很特別，因為我是小君大學時的鋼琴老師，而鍾老師是我小時候的鋼琴老師，我常戲弄她要稱鍾老師為太老師。

她的信是這樣寫的：

親愛的老師：

早安。早上看到消息，得知大學班導鍾明昆老師於前幾天辭世。許多在南部的同學已聯絡一起回去看看。

今天仍是陰雨的早晨，看到這樣的消息，很難過震驚。當年鍾老師破例帶我們音樂班四年，因他那時已經六十幾歲了。

老師不大說國語，他的課全程台語。每次上課總是叫我們「咖秋卡緊誒（手腳快一點）」，我沒有一個字聽得懂。

開班會表決討論事項，我也只能問同學老師在講啥，何時要舉手。

大四畢旅環台一周，鍾老師也跟著去，第一站去恆春，遊覽車上他搶走麥克風，介紹他的故鄉恆春歌謠，除了老師和司機，全車都睡著了，醒來後發現他還在說。

畢業典禮當天早上六點半要去祭孔，全班只有六個同學到，其他的人都還在睡覺。鍾老師一直覺得奇怪，年輕人怎麼會這麼愛睡。

台南的回憶，謝謝有鍾老師！或許我真該回去看看了。

小君上

看了信，還沒有喝咖啡的我馬上清醒了，一下子我回到了那個椰林大道下的紅色大門。

改變我學琴的老師

小學四年級，因為搬家鋼琴停了一陣子，媽媽鍥而不捨地又找了一位王老師。當她告訴我要再帶我去學鋼琴時，其實我有些抗拒。

老師一定又要我從頭練起，彈些很無趣的手指練習，但拗不過媽媽，我和妹妹只好坐上媽媽的摩托車往老師家前進。

王老師家在台南師範學院後面的宿舍裡，路兩旁高聳的椰子樹排排站，宿舍都是日式的矮房子，我們在一扇紅色大門前停了下來。

媽媽囑咐我們要說老師好。大門一打開，王老師笑盈盈地出現了。

她的出現改變了我，她不但沒有給我無趣的手指練習，還讓我繼續了鋼琴這條路，那一次之後，我就再也沒有停過鋼琴課。

※ ※ ※

宿舍很大，前院有花園，後院有池塘，是孩子們玩樂的好地方。

當妹妹上課時，那就是我到處探險的好時機。到前院看花，或到後院看魚，有時候也借了老師孩子的腳踏車在宿舍前亂晃。

椰子樹高過天，小小的我抬頭望向天空，椰子樹是天與地的分野。

沒有一次停過鋼琴課

我很喜歡上王老師的課，她總是滿臉笑容，常常因為我說的（蠢）話而大笑。我很喜歡聽老師大笑，很有成就感。

某次我問老師，什麼時候才可以把所有的鋼琴譜都學完，老師那次笑得更大聲了。課上完時，我會央求老師彈些別的曲子給我聽，她也總是好脾氣地依著我而彈下去。

有次上課上到一半，有人來找老師。我看老師忙，也跑出去和妹妹玩。王老師的先生來到琴房看到鋼琴上還有琴譜，大聲地問是誰還沒有上完課。我趕快跑進來說是我，他就幫我把課上完了，原來那就是鍾老師。

他也是鋼琴老師，還會拉小提琴，常常這邊上鋼琴課，另外一廂傳來小提琴的樂聲。

後來，我上了國中，不管學校的功課有多重，我沒有一次停過鋼琴課。王老師也覺得我比較大了，彈的東西比較難，就把我轉給鍾老師教了。換成鍾老師，我有點害怕，因為鍾老師很高，看起來很嚴肅，常讓我想起宿舍外的椰子樹。

第一堂課鍾老師給了我舒伯特的即興曲，和蕭邦的華爾滋。我一直記得練習蕭邦升c小調華爾滋的時刻，那時好不容易找好音符，終於彈出了和弦。當我聽到那小調和弦時，頓時覺得好悲傷，是蕭邦讓我覺得我長大了，不再是個小孩子。

上課時，我彈舒伯特，鍾老師拿出小提琴說：「來，我們一起彈。」他用弓指指樂譜，數了拍子就開始了。

我第一次和小提琴合奏，還來不及覺得新鮮，而是緊張地一直流汗，怕彈錯，怕停下來。老師邊拉琴，邊用弓來翻譜。

後來，自己當老師了，給學生彈舒伯特時，我總會想起鍾老師拿出小提琴要我一起合奏的情景。

媽媽在貝多芬譜上寫上《悲愴奏鳴曲》。

那時候老師一拉琴，我馬上聽出什麼是主旋律。十幾頁的譜彈下來，我也學到了很多。所以，舒伯特的即興曲在我心裡一直也是小提琴的曲子。

※ ※

國三時，爸媽和老師商量後，覺得我可以去考專校的音樂科，老師為我準備了貝多芬的奏鳴曲。

媽媽買了我生平第一本貝多芬的譜，灰色精裝本厚重的封面，燙金的字體印著：BEETHOVEN。

老師翻到第十三首，媽媽問是什麼曲名，老師說「悲愴」，媽媽慎重地用鉛筆在譜上寫下《悲愴奏鳴曲，第一樂章》。

那譜，那字跡現在還在。

老師對學生的信心，是學生的定心丸

那時候準備高中聯考和音樂科考試，壓力很大，我很怕什麼都考不上。高中考完，媽媽為我填志願，記得我問媽媽填了幾所高中，她說她全部都填了。我聽了好生氣，因為覺得她不相信我的能力。

媽媽說不是的，她希望什麼機會都能夠為我準備好。

我也怕音樂科考不上。每次彈貝多芬給老師聽，他指導我改節奏和一些音符後，總是告訴我：「沒問題的，你一定考得上。」

他說這話時很沉穩，比我自己還相信我會考上。從我開始準備到我考完那一天，他沒有改變過他的話。

我果真考上了。

當我告訴鍾老師時，他一點也不覺得驚奇，只是笑笑點點頭。

終於道出口的「謝謝」

後來我也回到台南師範學院教書。記得我上課的第一天見到鍾老師，很高興地和他打招呼。

一次下課，他看到我，說：「王意青，來我的辦公室。」

我趕快跑過去，想起小時候他說：「是誰鋼琴課上一半？」不禁莞爾。

老師問我在美國都用什麼教材教大學生，我為老師寫下一些課本名稱。他小心收好，說謝謝我。

我說小事。老師，我才要謝謝您。

※※※

我是鍾老師的學生，小君也是鍾老師的學生，她說她的媽媽也曾是鍾老師的學生。

我們這老中青三代多麼有幸，可以當他的學生，多麼有幸。

音樂Do Rei Mi

練琴時有什麼特別需要注意的嗎？

練習時要有方法，英文有一句話：Practice makes perfect. 我倒覺得應該改為Good practice makes perfect. 練習時腦袋不能放空地練習，要有目的，要專心地聆聽自己彈奏出來的樂音，要專心看譜，看老師要我們這次練習什麼。

有時候學生來上課，聽來沒有進步，問有沒有練習，都回答有。問題就出在學生只是彈琴，心不在，耳朵也不在，只把時間彈足夠了，就以為完成了功課。這樣的練習還不如不要。

逆光飛翔

對鋼琴，讀國三的馨很堅持。

雖然她沒有很多時間練習，通常學校模擬考加上晚自習，她回到家已經很晚了，可以在大樓限制的最晚彈琴時間十點以前，趕快彈一下琴，就很不錯了。但來上課時，她竟然已經會背長達十二頁的曲子。

暑假時，馨的媽媽打電話來說馨想要學琴。

我們都覺得很意外，因為她是國中生，而且要升國三了。

媽媽說她很吃驚，但也很高興馨自己說要學琴。

馨的弟弟和我學了一陣子。前些時候，我們舉行鋼琴演奏會時，我在會後說學鋼琴應該可以是一輩子的事，要是因為功課而中斷，真的很可惜。

但，中斷並不表示放棄。要是可以重來，把鋼琴當作一輩子的禮物，將會很美好。

媽媽說馨那天聽了，回家後，打開塵封已久的鋼琴，彈了許久的琴。

我聽了很高興，想不到我的話，有小朋友聽進去了。

為參加比賽，再度學琴

馨是個很害羞的女孩，長長的頭髮，大大的眼睛。她說以前學過一些，問她在哪裡學的。她說在越南。

原來他們以前因為爸爸工作的關係住在那裡，一直到馨讀國中才回來。她的老師有越南老師，也有台灣老師，所以，她的外文很好。

她吐吐舌頭說，回來台灣上學真的是很大的挑戰，尤其是中文。不過，她很努力。

她就讀的國中很多元化，聽說上學期還舉辦了唱歌比賽，新的學期則已經公布要舉行鋼琴比賽。

她想參加，所以來上鋼琴課。她也已經選了一首久石讓的《天空之城》主題曲來練習。

我把鋼琴打開，請她彈給我聽。她怯怯地擺好琴譜，手略微顫抖，慢慢地彈了起來。

再累，也不放棄

一串串清脆的高音琶音後，帶到主題，忽高忽低，像小鳥在飛翔，然後右手加入了八度的高音，好似天上飛來了同伴一起飛翔，不想竟飛進暴風圈，合力對抗強風，終於飛出暴風圈後，緩緩飛進夕陽。

彈畢，她轉頭看我。想不到多時沒有碰琴的她，彈得這麼好。她說，自從排了課就常常練習。

我想這曲子太適合她了。她把這曲子變成她的了，所以，聽來就像她的自序。這曲子也很長，我們分成幾個段落，才把它學完了，就在她快要全部背完時，學校開學了。

我們排課就排了很久。等她下課後直接過來，也要晚上六點半了。後來，她的學校開始排了模擬考，模擬考後就有晚自習。

「那是多晚？」我問。

她說回到家最快也要九點半，我們只好改在週六下午上鋼琴課。

課業再忙，也背好長達十二頁的曲子

對鋼琴，她很堅持。雖然她沒有很多時間練習，通常回到家已經很晚了，可以在大樓限制的最晚彈琴時間十點以前，趕快彈一下琴，就很不錯了。

來上課時，她已經會背長達十二頁的曲子。

我擔心地問她一切都好嗎？會不會很累？

她笑笑說還好。學校都有午睡時間，晚上晚自習，也有小小的空檔休息。

我真難想像一天從早上七點開始，一直讀書考試到晚上九點半，這我可做不來啊！

想想，當學生真可憐，做不來也得做。

※ ※ ※

記得我的國三生活，再怎麼補習，最弱的理化就是考不好。

馨一聽到我的理化不好，她的眼睛都發亮了！

「老師，我也是耶！我的理化也不好。」這可能是她這一陣子聽到最好的消息了。

這也讓我想起我國中畢業那年的夏天考了三次試：一次高中，一次五專，一次五專音樂科。

現在想想，真不知我是怎麼熬過來的。好像考完高中後，接下來的考試就習慣了長達三、四個小時的大考。

考音樂科時，還覺得有趣，至少考些不一樣的樂理和鋼琴。

但，還好都過來了，當時覺得過都過不完的補習和考試的日子，有一天就都結束了。

手臂上的蝴蝶，展翅飛翔

我告訴她前天去看了電影《逆光飛翔》，演一個盲人鋼琴家的故事。

鋼琴家要彈琴前，就把手放在鋼琴上，摸索黑白鍵的位置，因為看不到，所以用摸的。

雖然看不到，但他還是可以彈琴，還是可以逆著光飛上天空。

馨聽得入迷。

我看看時間不早了，說：「下課了。」我起身把譜收進書櫃，轉身看到馨把手輕輕地放在鋼琴上。

她沒有彈，但輕輕擺動的手指，好似正彈著心裡的歌。

我沒有出聲，但，在那靜止的片刻裡，我似乎聽到了琴聲。

我想起電影裡張榕容在面試時，她閉起眼睛，深呼吸，再張開眼睛。

她聽到心裡的音樂而跳起舞來，手臂上停了一隻我們看不到的蝴蝶，正緩緩地要展翅飛翔。

我看到了蝴蝶。我想，馨也看到了。

逆著光，我們還是可以飛，或許比較辛苦。

當我們再展開翅膀時，就是一個不一樣的世界了。

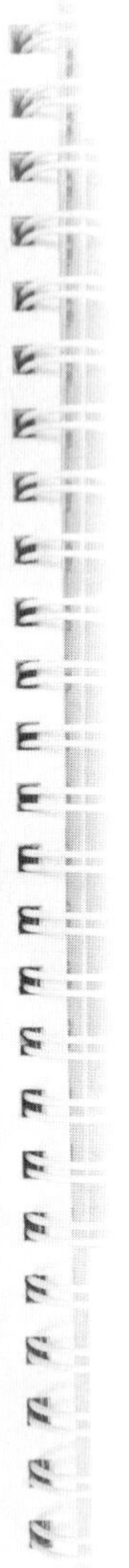

音樂Do Rei Mi

因為課業而中斷學鋼琴，怎麼辦？

孩子若因為學業的關係而中斷鋼琴，家長也不需要太難過或失望，因為人生的道路很長，有一天或許孩子會再重拾彈琴的樂趣，現在中斷並不表示會永遠斷絕了音樂的路，而且不彈鋼琴也不表示音樂就從孩子的人生消失了。

彈過的琴如走過的路，總會留下痕跡，若再重新開始，這些彈過的琴如烙印的DNA也會重新啟動，若沒有機會再彈琴的話，這些彈琴的記憶也已經為孩子開啟了欣賞音樂的路，都一樣美好。

那小孩對我說

我小時候和一位老師學琴，她有一房間的洋娃娃。她說：「你彈得好的時候，可以選一個洋娃娃當獎品。」我很認真地練琴。但是，我一直沒有得到洋娃娃，總是有需要練得更好的地方。「洋娃娃事件」給了我很大的教訓，要給孩子獎賞，就要說到做到。

《雅各書》，第一章二—四節：

我的弟兄們，你們落在百般試煉中，都要以為大喜樂；因為知道你們的信心經過試煉，就生忍耐。但忍耐也當成功，使你們成全完備，毫無缺欠。

查經班時，妍姐帶大家讀了這幾節經文，勉勵大家要把生活中遇到的大大小小的難處當成「大喜樂」，因為試煉之後，帶來的結果，會使我們成長，而更為成熟。

妍姐接著問大家最近有沒有遇到什麼試煉，可以與大家分享。

現場一片寂靜。

妍姐笑著說難不成大家都過得很順，沒有什麼試煉。沒有試煉，就不會有大喜樂。

在笑聲中，我看到了小彬指著我，很生氣地說：「你——說話不算話。」

我舉了手，說：「有，我有遇到一個小小的困難。」

給孩子獎賞，要說到做到

小彬是個很可愛的小男孩，上課時不改活潑的玩樂態度，但看得出來他很喜歡鋼琴。

他進到琴房時，要是還有別的小朋友在上課，他會把臉貼在玻璃門上，很好奇地打量著，聽著小朋友彈。然後隔著門告訴我們，他那一首曲子也彈過了。

輪到他上課時，已經等不及一股腦地爬上鋼琴椅子，把上個禮拜的功課一一演奏。

他很陶醉於音樂裡，他會一直彈一直彈，彈到過癮了才停下來。

我給他貼紙作為獎賞。

他很得意地告訴我，他已經集滿了五十張貼紙，我答應要給他獎品的。

我稱讚他很棒，獎品也準備好了。

※ ※ ※

記得我小時候和一位老師學琴，她有一房間的洋娃娃，我看得目瞪口呆。

她說：「你好好練習，彈得好的時候，你可以選一個洋娃娃當獎品。」

我也很認真地練琴。每當不想練習時，想到老師許諾的獎品，就又心甘情願地練起鋼琴。

但是，我一直沒有得到洋娃娃，總是有曲子沒有通過，總是有需要練得更好的地方。

後來，覺得洋娃娃遙遙無期，對鋼琴幾乎完全失去了興趣。

「洋娃娃事件」給了我很大的教訓，要給孩子獎賞，就要說到做到。

不管他們有多小的進步，都是進步。

學生曲子通過時，我會給小朋友貼紙或小玩具，那也是我對他們的肯定。

自責的一堂課

但今天小彬似乎有些失控，通常他把上次的功課都彈完後，我們會開始學新的曲子，他今天無論如何都不肯靜下來聽我彈。

我使出撒手鐧，說：「你要好好聽老師的話，不然，你今天就領不到集滿五十張貼紙的獎品了。」

他愣了一下，點點頭。

不過沒有多久，他又跑到玩具區去玩玩具，也不彈我為他選的功課。

後來他說要自己選曲子，我就讓他選。

選了以後，他也不願意彈。

這時候，小彬媽媽來接小彬了。我要小彬把譜收一收。

他聽到要下課了，很高興地問：「我的獎品呢？」
我說：「你今天不乖，所以沒有獎品。」
他很驚訝，不相信我不會給他。
「我要我的獎品。你說集滿五十張，我就有獎品的。」
「對，可是我也告訴你，你今天要好好上課，才會有那個獎品。你今天沒有好好上課，所以就沒有了。」
小彬聽了，臉色大變。
他好生氣地用手指著我，用盡力氣說：「你—說—話—不—算—話！」
媽媽聽了，馬上把他帶走，她大概猜得出發生了什麼事。
「老師，我支持你。」她小聲地告訴我。
他們走了以後，我接下去上課，但小彬的聲音一直在我腦中響起，「你說話不算話。」我覺得好挫折，好難過。
上完了那天的課，我躺在床上，想著那一天的教學，想到小彬失望的臉，我就好自責。

老師也需要學習

當我說完了小彬的故事，坐在我旁邊的黛西發言了，她也是老師。

「你真的說話不算話，本來就該給他獎品的。不過，那天我一個學生表現不好，我也沒有給他貼紙。他要走的時候，還很大聲地謝謝我不給他貼紙，我也回答他說不客氣。」大家都笑了。

我謝謝她讓我的罪惡感更加重。

妍姐是很好的啟蒙者。她曾經告訴過我們，當處理小朋友的問題時，不要忘記他們才幾歲，而我們大人有著他們六倍以上的年紀，所以照理來說，我們應該也要有他們六倍以上的智慧才是。

我告訴妍姐，我就是記得她說過的話，所以，更覺得沮喪。我沒有用更好的方法來處理小彬的情況。

妍姐說，或許我沮喪的不是小彬，而是我自己。我對自己沒能處理得更好，所以感到失望挫折。

她希望我把這個當成是試煉，訓練自己的耐心，以更有智慧的方法，幫助我下一次可以處理得更好。這才不失為這次試煉的目的。

查完經，大家低頭禱告，我祈求神給予我更多的智慧與耐心，希望小彬再給我一次機會，而老師也是需要學習的。

我期待下次的鋼琴課，更期待試煉後帶來的喜樂。阿們。

期待下一支舞

小恩上課的時候很專心，對我的解說也很認真地聽。要他彈、要他畫音符，他都一一照做，而且，還送我一支舞！這樣的孩子，表現得這麼好，為何被診斷是過動兒？

小恩的媽媽寫信來，想為小恩報名鋼琴課，我歡迎他們。小恩媽媽要我抽空去看看她寫的部落格。

「老師，你答應前，請先看一下，可以多了解小恩。他，不是個普通的孩子。」

我說好，找了時間上了她的部落格。

原來，小恩被診斷為過動兒，有注意力和感覺統合方面的問題，需要上課改善。

我讀了很多篇文章後，發現自己不是很懂這些術語。

只覺得看小恩的照片，怎麼看怎麼可愛。黑溜溜靈活的大眼睛，笑起來很可愛。

我只希望小恩會喜歡我，會喜歡鋼琴。

※ ※ ※

小恩來上第一堂課，我打開門歡迎他。好可愛的一個孩子，和照片上的一樣。

小小的個子，五歲的他看著我，微笑地說：「獅子老師好。」我也大聲回應。

媽媽告訴我，小恩很喜歡音樂。小恩馬上說他會打鼓。

我稱讚他很厲害，因為我不會打鼓。

他聽到我不會打鼓，覺得我好可憐，用充滿了同情的口吻對我說：「所以，你只會彈鋼琴喔？」

我笑了說：「是啊，我只會彈鋼琴。你學琴後，你就比我厲害了呢。」

小恩聽了很得意，迫不及待地坐上椅子要開始學琴。

五歲，專心又認真

小恩雖然才五歲，但手指已經長得很好。

我示範給他看。手指頭要站好，除了大拇指平躺外，手心懸空，像在握球一般。

他很專心地聽我解釋，很認真地把手站好。

我們一一唱名，「第一指，第二指……」再來，小恩也可以在鍵盤上找到Do Rei Mi了。

我上到這裡，稱讚他很專心，給了他貼紙。

他想不到彈琴還有貼紙可以拿，很高興地選了紅色的閃電麥昆。

我們繼續，讀起譜。Do上去找好朋友Rei，Rei上去找鄰居Mi。

小恩開始認識這些音符，在琴鍵上叮叮咚咚地彈了起來。

手指頭站得很穩，好像已經學很久的鋼琴。

我為他拍拍手，也彈給他聽。

彈畢後，問他覺得我彈得好不好。

他點點頭。我說：「老師彈得好的話，你也要為老師拍手啊！」

他笑了，為我拍起手。

再學一支舞

他看著我，突然說：「老師，你要不要看我跳舞？」我說好。

他站起來，半蹲下去，擺好姿勢，開始一邊唱歌，一邊跳了起來。

我聽不大懂歌詞，不過看他的動作，我想是有關動物的，因為他一下子搖動屁股，擺動手臂像游泳，想必是鴨子；再來手臂交叉當成鼻子，這一定是大象了。最後，他跳了幾下，應該是兔子。「好了！」他說。

我和小恩媽媽都為他拍手。

我說：「再給你一張貼紙，你跳得太好了。」

上完課，我告訴他，回家要好好練習。下次來上課，曲子都通過的話，就有貼紙當獎品了。

我摸摸他的頭，稱讚他第一堂課上得很好。

他說：「謝謝獅子老師。」小恩媽媽也謝謝我。

他們要走出大門時，小恩轉過頭來問我：「獅子老師，你下次要不要再看我跳舞？」我說要啊！

他很高興地說，那他要再學一支來跳給我看。

※ ※ ※

他們走了以後，我一面收拾琴房，一面想著我們剛才的課。我打開電腦，再看一次小恩媽媽的部落格。

小恩上課的時候很專心，對我的解說也很認真地聽，要他彈、要他畫音符、要他唱，他都一一照做，而且，他還送我一支舞！

這樣的孩子，表現得這麼好，為何被診斷是過動兒？

雖然我不是這方面的專家，我也不懂這些術語，但在我教學的經驗裡，小恩的表現，以一個五歲的孩子來說，我覺得非常好。

我又回想我自己小時候，聽說也很好動，常常跑來跑去。「無時定著（沒有一個時刻是靜止的，台語）」，阿嬤是這樣說我的。

我看著小時候的照片，我也少有乖乖看著鏡頭的。要是我生在這個時代，可能也會被診斷為過動兒吧。

我寫信告訴小恩的媽媽，我非常喜歡小恩的第一堂課，這是個很好的開始。我很看好小恩。

雖然，我不是兒童發展專家，但以一個鋼琴老師的觀察，他表現得非常好。我們一起加油。

闔上電腦，想起小恩的那支舞。

我不禁學著他擺動了起來，想起他對我說：「你好可憐，只會彈鋼琴。」我又笑了。

翻起行事曆，在下個禮拜小恩的課表上，我寫著：「期待下一支舞。」

小瑞夜未眠

「你沒聽過嗎？這是《公主夜未眠》啊！」五歲的小瑞對我說。

我跟著他的琴聲唱了起來。

「對，沒錯！你怎麼會？」

「我會啊！學校有教我們吹笛子，現在在學這首曲子，我很喜歡，便把它換到鋼琴上彈。」

Sol Sol Sol Sol小瑞彈著，很快地換到低音的Sol Sol Sol Sol……Mi Mi Mi Rei#Do Do。

他眼睛發亮地看著我，「老師，你知道這是什麼曲子嗎？」我搖搖頭。

聰慧的轉換，從笛子到鋼琴

他皺起眉頭，再彈一次。「你沒聽過嗎？這是《公主夜未眠》啊！」

我跟著他的琴聲唱了起來。

「對，沒錯。你怎麼會？」

「我會啊！學校有教我們吹笛子，現在在學這首曲子，我很喜歡，便把它換到鋼琴上彈。」

他說完，又再彈一次，然後停在Do的音。我接下去，Do Rei Mi Rei Do Rei Si La。他乖乖地站到旁邊聽我彈完。

Do La——Sol Sol——。我加上左手澎湃的伴奏。

「公主今晚肯定不能睡覺了。」我說。

他滿意地笑了。

手幾乎沒離開鋼琴

小瑞這學期開始學琴，完全就是一個標準的調皮小男生。

剛開始上課，簡直就是在玩躲貓貓。

「咦，回來！你要去哪裡？」「椅子要搬去哪裡？」「坐好！」「椅子搬回來啊！」「坐這裡。」「回來。」「不要用手肘彈琴。」「腳放下來。」

看他這樣精神奕奕跑來跑去的，我都累了。

他又彈起Sol Sol Sol Sol。

我突然發現，在這跑來跑去的過程裡，他的手幾乎沒有一刻離開過鋼琴。

其實，他很愛彈琴，愛用各種姿勢，各個部位去彈琴、擦琴、碰琴，只差沒有用頭去敲琴了。

創意的即興發揮

一首曲子，他可以右手彈最高的聲部，而左手在他小個子可構及的最低聲部，把彈琴完全當成體操極限來完成。

要他彈功課，他會把以前學過的曲子從頭彈起。不知不覺中，他把功課如即興般地加了進去。

「彈完了，我彈的是爵士。」他說。

我才驚覺那首即興曲子裡面什麼都包括了。

我問他什麼是爵士。

「早上吃早餐時，聽『愛樂電台』都有播啊。爵士樂就是像我剛才那樣彈的啊，亂彈。」他說。

※※※

我們接著學了海頓的《驚愕交響曲》。

他問我這是不是莫札特作的。

我說不是，是海頓爺爺。

他說他們小時候都長得很像，臉都胖胖的，我笑了出來。

他不服氣地說書上音樂家的圖片真的都很胖。

「我去過他家玩呢！」

「誰家？」

「莫札特的家啊。我去他家玩，好大的家，還沒有逛完，我就睡著了。後來，醒過來，就吃了他的巧克力。」

我們獨特的上課鐘聲

上小瑞的課很忙。忙著看他搬椅子，把原來鋼琴的椅子換成小凳子，再把小凳子換成踩腳凳。後來，小椅子坐習慣了，整堂課沒有再換。

直到下一個小朋友來上課，坐在小凳子上，我才想起椅子沒有換回來。而我也習慣了上課以Sol Sol Sol Sol來開始，好像上課鐘聲一樣。

我都等他彈完前奏，然後他讓開，我接下去彈完。

我喜歡看他的表情。在此刻，他的小臉幾近虔誠地聽著《公主夜未眠》。黑亮的眼睛，專心地看著我的雙手彈奏。

想不到一個五歲的小朋友，會如此喜愛這首歌劇名曲。

令人意外的要求

不過，他接下來的要求卻更讓我吃驚。

「老師，你可不可以彈一首歌給我聽？」

平常很少害羞的他，竟然靦腆了起來。

我心想不可錯失這大好機會。一定要好好利用這首曲子，讓他多彈一些鋼琴。

「那你再把這首功課彈一次，老師就彈給你聽。」

他聽了很開心，但馬上問：「可是，你確定你會彈嗎？」

說的也是，我竟然沒有先問是什麼曲子。

他不好意思地，很小聲地說：「國歌。」

什麼？我一定是聽錯了。

「國歌。老師，你會彈國歌嗎？」

我差點沒有從椅子上摔下來。

國歌？「三民主義，吾黨所宗」的國歌嗎？

他大力點頭。

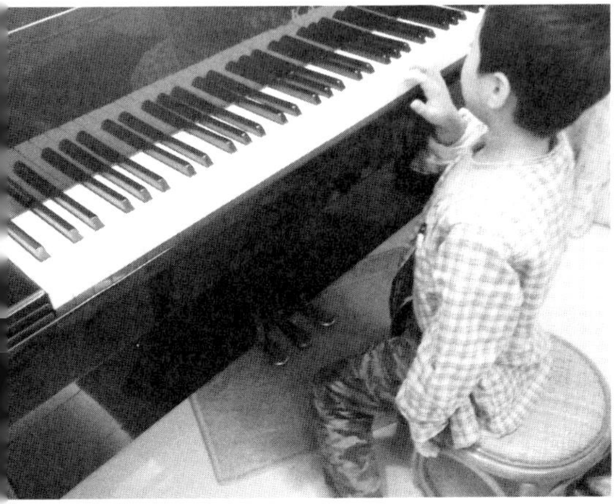

小瑞坐在小凳子上彈琴。

我說先把功課再彈一次。他飛快地坐好，一絲不苟地把功課彈了一次。

我腦中也快速地複習一次國歌。

老天，上次彈奏國歌是什麼時候的事？小學六年級？距離現在也三十個年頭了。

「好了！老師，國歌！」

小瑞已經讓出鋼琴王位，很期待地站在鋼琴旁邊。

我忍住笑，正經地彈起國歌。

鄰居聽到了不知作何感想。有沒有像我小時候，聽到國歌馬上站起來敬禮？

身邊的小瑞以他聽《公主夜未眠》一樣的興致聽著國歌。

我彈畢，他很滿意地點點頭。

他擠了過來，Sol Sol Sol Sol。

我笑了，下課鐘聲響起，我接過來，把《公主》彈完。

他又擠過來坐在我身旁，腳抬了起來，眼看就要抬上鋼琴。

我趕緊阻止他，「不可以用腳彈鋼琴！」

「為什麼？」

這時小瑞的媽媽及時趕到。

「小瑞今天乖不乖？」她關心地問。我說很好。

媽媽放心的接過小瑞，「要跟老師說什麼？」

「謝謝老師，老師再見。」我揮揮手，聽到他在哼國歌。

我打開電腦，找出《公主夜未眠》，聽了起來。

音樂，真的是沒有任何時空距離的藝術，感動了我，也感動了小瑞小小的心靈。已經好久沒有這樣聽歌劇了，我把音量調大，Sol Sol Sol Sol（低音）Sol Sol Sol Sol，誰也不許睡啊！誰也不許睡。

明天，我們可知曉他的名字?他，叫做小瑞，日落，星辰，破曉時，將征服他的小小世界。

小瑞跪在地上彈琴。

音樂Do Rei Mi

如何學好鋼琴？

教了二十幾年的鋼琴，想要學好鋼琴其實只有一個重點，就是練習。

學得特別好的學生，當然多多少少有些天分，但他們也通常比別人更認真地練習。

不管和哪一個老師學琴，上課不過是一個禮拜一次，剩下的六天，就看學生了。

學生要是可以針對老師上課時所糾正的錯音和需要加強的地方加以練習，持續地練習，這樣日積月累下來，成果會很驚人。

當關公遇上貝多芬

她說這個禮拜練琴特別困難。

我問為什麼，她說最近不到四歲的小弟迷上了魏海敏。

我很吃驚地問：「魏海敏？你是說唱京劇的魏海敏？」

她笑答：「不然還有誰？」

第一次看到怡麗是我們去選鋼琴的時候。計程車在路邊停了下來，一個時尚美女走出來。

「你是獅子老師嗎？」她問，接著如大明星般的架勢，摘下太陽眼鏡。

我說是。她笑容滿面地和我握手，遞給我名片。

原來她是位設計師。一頭俏麗的短髮，配上身上剪裁簡潔的洋裝，非常有藝術家的氣質。

她為她的女兒小麗報名上鋼琴課，請我為她們選一台鋼琴。

我笑說設計師常把鋼琴當家具擺設的。她說真的是如此，那她不會，也不敢再這樣做了。

※ ※ ※

我試彈了幾台鋼琴後，決定了一台直立的鋼琴。當店長在聯絡搬運鋼琴的行程時，我問她有沒有學過鋼琴，她說沒有。

「老師，我們這種年紀，再加上這種已經老化的手指，應該沒有機會了吧。」

我告訴怡麗，學生中年紀最大的是一位六十七歲的太太。她意見很多，常不聽我的話，但學得很好。

也記得小時候學琴時，我媽媽也會彈琴，所以媽媽是我最好的家教。下課時陪我練琴，不會的可以問她。當我不想練琴時，還會彈奏我喜歡的曲子來啟發、鼓勵我。

媽媽也學琴的話，是雙贏。

她聽了眼睛都亮了。「可以嗎？」

我說當然可以。而且，她也學鋼琴的話，這台鋼琴就可以達到最大的效用。大家都可以彈。

她馬上也加入了學琴的行列。「想不到和女兒成了同學呢。」她說。

怡麗說讓孩子學鋼琴，**是希望孩子可以從更多不同的角度來欣賞這個世界**。

我想每個父母親對孩子都是這樣的期望。想當時爸爸媽媽讓我學琴，也是希望我可以從中得到樂趣，陶冶性情。

※※※

怡麗是個很特別的藝術家，一次她戴了一條很漂亮的墨綠色圍巾。我問她在哪裡買的，她笑說這是在巴黎買的，也是藝術家的朋友買給她的。

「獅子，你絕對猜不到這是什麼顏色？」

我說是綠色，她搖頭說不對。

朋友說這是紅色，因為紅色的互補色是綠色，看久了綠色就會看到紅色了。說完，我們都大笑。

「沒辦法，學藝術的就是很怪。」她說。

這讓我想起妹妹有一次要我幫她決定頁面的顏色，看起來都是同樣的黃色。我說這五種顏色不都是一樣的。她很訝異地說，這五種顏色明明完全不同，我怎麼會看不出來。

本來還以為妹妹在開玩笑，故意要我。後來，才知道在藝術家的眼中，這些相近的顏色有著完全不同的氛圍。

琴僮、「踏板」僮相伴

怡麗學得很好，很快地已經學到需要用到踏板的曲子。

她說每次她練琴，女兒小麗和弟弟就爬在地上，爭相地要按踏板。我說人家是有書僮相伴，她是有琴僮和「踏板」僮相伴。

那天我示範了貝多芬的《給愛麗絲》。她開心地說這個曲子很虛榮，她一定要學。

我笑了說教了這麼多年的鋼琴，還沒有聽過誰說這曲子虛榮。

她解釋：「老師，可以彈一首大家都聽過的曲子，這很拿得出去呢。」
她很努力地學，再回來上課時，已經會背第一段了。

四歲弟弟的睡前音樂

她說這個禮拜練琴特別困難。我問為什麼，她說最近不到四歲的小弟迷上了魏海敏。

我很吃驚地問：「魏海敏？你是說唱京劇的魏海敏？」

她笑答：「不然還有誰？」

可是，小弟怎麼會喜歡聽京劇？

她說本來買了CD給她的爸爸，但爸爸已經有了同樣的CD，後來小弟便聽了起來，還成了他的睡前音樂。

「老師，我從來都不知道京劇可以是Bed Time Story。」她說。

小弟聽京劇的時間恰巧也是怡麗練琴的時間，她得和魏海敏的歌聲抗衡。

小弟常叫怡麗不要練琴了，他要聽魏海敏，那天的戲碼是關公。

「乖，關公也需要一些音樂的陶冶，他也要聽《給愛麗絲》的。」怡麗邊彈邊告訴小弟。

我說她可以用弱音踏板，就不會吵到別人。

她說好不容易可以虛榮一下需要踩踏板的曲子，她才不要弱音！

那結果呢？

結果，他們就邊聽魏海敏，邊彈貝多芬。

魏海敏要是知道她的競爭對手是貝多芬，不知道會作何感想？要是她知道她的忠實聽眾是四歲的小男孩，更會作何感想？

學生所教給我的

我們要把《給愛麗絲》學完了。我示範中段的展示奏，左右兩手交叉地一直往高音處爬，然後再回到起初那兩個似在爭論的半音呢喃。

彈畢，怡麗很困惑地問我貝多芬為什麼要這樣寫。

我說中間這一段像過門，一個轉接，帶我們回到第一段。

她說音樂的結構，她了解，但為何這樣上上下下。
我說要展現一下技巧啊！
她說想不到貝多芬是這麼愛現的人。我聽了大笑，愛現？貝多芬？
「他一定是射手座的。」我愣了一下，從來沒有把音樂家用星座來分類，但我知道他是十二月十六號生日。
怡麗說那就對了。射手座是非常理想主義的，個性浪漫，熱愛生命，很有想像力，碰到挫折不會輕易放棄。缺點是個性敏感，不易和人相處。
我大吃一驚，這完全就是貝多芬的寫照。我還在錯愕之中，怡麗開始練習了起來。
我坐下來一面聽怡麗彈琴，一面想著這就是我為何喜歡教琴的原因。**學生給我的，真的比我給他們的多出太多太多了。**
怡麗挪出左邊的位置，示意我坐下彈左手。
我坐下彈了起來，想起席勒的詩〈快樂頌〉：啊！朋友，朋友，何必老調重彈，還是讓我們的歌聲，匯合成歡樂的合唱吧！歡樂！歡樂！歡樂！

小手牽大手Do Rei Mi Fa Sol

不起眼的角落有幾張框起來的獎狀。我看了一下，才知道是小迪媽媽和爸爸的人也略有聽聞。

這對父母何其了不起，自己的舞台再輝煌，有了小朋友，就退下了。把獎狀推到最角落，來鼓勵小朋友學校的表現。

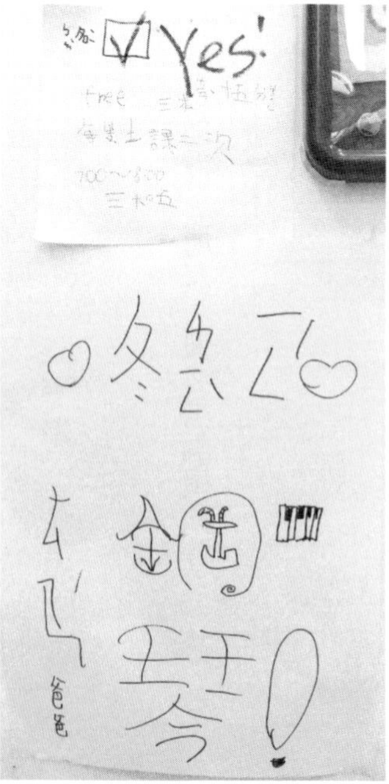

小迪為爸爸所開設的鋼琴冬令營課表。

我想小迪一定很喜歡鋼琴，喜歡到自己開了個冬令營，教授鋼琴，而且已經有學生等著要報名。

「真的？」我問。她說對，學生就是她的爸爸！

說著說著，她把冬令營的海報拿出來，把報名截止日期畫起來。

「今天就是報名最後一天了，希望爸爸不要錯過了這個好機會。」她接著告訴我冬令營的課表。

一個禮拜安排了兩次一個小時的課，還有練習鋼琴的時間表，滿滿的。

我想爸爸看到了，不知會是喜？還是憂？

後來小迪來上課，會向我報告她「學生」的進度。

她很為這學生擔心。「他沒有練琴，這樣怎麼上課？」

也難為了這爸爸，平常上班就已經夠忙了，回家還要上鋼琴課。

小老師還虎視眈眈地盯著他練琴。不曉得他有沒有後悔？

冬令魔鬼營總算結束了。小迪開始恢復忙碌的小學生生活，爸爸可以稍微休息一下了。

沒有了魔鬼教練的逼迫，爸爸可以退到後線，當個快樂無憂的觀眾。

女兒教爸爸鋼琴

聽久了小迪的琴聲，爸爸竟也聽出了樂趣。他會從小迪的功課裡，指定要學的曲子。

小迪很高興這個「失而復得」的學生，練起琴來更多了把勁。她的進度如何，爸爸的進度就如何。她也會跟我報告他們上課的情況。

有一次，她就把爸爸叫來琴房說：「來，爸比，彈你最近學的圓舞曲。」

爸爸被抽考，也沒有臨陣脫逃。對我笑笑，就坐上那個調得太高、給小朋友坐的鋼琴椅子。

爸爸彈了起來，不是很靈活的手指，一個音符一個音符地彈奏出他心裡的音樂。

有時彈錯，小迪比他還緊張，趕緊也在高音部一起彈。

我看了笑了出來，真是太可愛的一幅景象。

彈畢，我為他們拍手。

我問這個小老師教的時候有沒有耐心。

爸爸很快地答：「沒有！」馬上在「太老師」前告了小迪一狀。

我給了爸爸一些建議。手指可以更彎曲些，可以放鬆點，會彈得更好。

後來我想，啊，他不是我的學生，是小迪的，我就沒有再多說。謝謝他彈給我們聽。

後來比較少看到爸爸，工作忙，出差去了。

小迪媽媽也會彈琴，通常都是她在督促小朋友練琴。我問她最用功的學生是誰，她笑答：「是小迪爸爸。」

堆在角落的獎狀

小迪很愛看書，家裡的書房有一半是小朋友的書。一次，她把樹屋系列的書借給我。她帶我到她的書房，看到地上一堆紙。她說是她的獎狀，等下要來整理。

她找書找得起勁，想到可以借我書看，很是興奮。

我看到牆上擺了很多小迪和她妹妹的獎狀，不起眼的角落有幾張框起來的獎狀。我看了一下，才知道是小迪媽媽和爸爸的論文獎。那論文獎在我完全外行的人也略有聽聞。

我想這對父母何其了不起，自己的舞台再大、再輝煌，有了小朋友，就退下了。把獎狀推到最角落，來鼓勵小朋友學校的表現。

不會看譜的爸爸，卻學極難的曲子

小迪從小奏鳴曲也彈到了巴哈。那天我介紹了一首曲子給她：巴哈的C大調前奏曲，寫於一七二二年，簡單莊嚴，在一百多年以後法國音樂家古諾（Gounod）把這首曲子當伴奏，在上面加了旋律，而成了《聖母頌》。

我把巴哈前奏曲彈了一次後，把古諾的旋律也加了進去，再彈一次。彈畢，掌聲比以往大聲。

回頭一看，看到小迪爸爸不知何時也進到琴房裡。

「小迪，爸爸要學這首曲子，你好好學。」

小迪身受重任，更加認真。

我沒有說什麼，因為這曲子沒有那麼簡單。

我不知道不會看譜的爸爸怎麼學，而或許他只是說說而已。

小迪學得很好，她告訴我爸爸的進度。

我很好奇爸爸怎麼學這麼難的曲子。她說她彈一次，爸爸也依樣畫葫蘆地彈一次。一次學不起來，他就再彈一次。

小迪媽媽洩漏了內幕。

原來他們兩個的時間不好配合，一個下課時，另外一個還沒有下班。下班的那個一回家就想學琴，而小老師已經在寫功課，或休息中看閒書去了。

這時好學的學生就得央求小老師，彈給他聽。

有時候小老師心情好，馬上放下手中的書，彈一段新的或舊的音樂給爸爸學。爸爸得認真地看和聽，因為有時候小老師只彈這麼一次，而有時候爸爸回家晚了，小老師已經睡了，也過了練琴的時間。只好鬱鬱寡歡地看著鋼琴，等明天來到。

一個音都沒錯

再上小迪的課，她已經完全學會了巴哈前奏曲。我們加踏板，整個感覺更像在巴黎的聖母院做禮拜。

她試了後很興奮地告訴我，爸爸也完全學完了。

「全部？」我問。

她說對，馬上去把等在外面的爸爸叫了進來。

「來，爸比，彈巴哈。」他又被抽考了。

我想要不要給爸爸台階下，不要為難他。

想不到爸爸很勇敢地說：「沒問題。」就坐了下來，彈起了巴哈的前奏曲。

緩緩地，音樂的河流流出了鋼琴，流過的地方有了歡樂及喜悅。

沒有，他一個音都沒有彈錯。

是的，手指還是略微僵硬，但琴聲裡充滿了對音樂的喜樂。最後的展示奏，右手上行的琶音，爸爸彈得無懈可擊。

我和小迪站在後面聽。

她輕輕地隨著音樂搖動著身體，臉上一個好大的微笑，很以爸爸為傲的微笑。

我為這美麗的圖畫及音樂，感動得說不出話來，而我何其有幸，得以成為這真善美的見證。

「可是，我沒有進決賽。」他有些喪氣。

我正想說些什麼安慰他。

他眼睛發亮，接下去說：「但是沒有關係。我現在才一年級，二年級還有機會可以再參加一次，要是沒有進決選，還有三年級啊。三年級要是進入決選就更棒了，表示我有進步呢！」

標竿小人生

第一次看到小翰是在學生的鋼琴演奏會上，他來聽堂姊佳佳表演。

當天的會場有些混亂，因為前面練合唱的團體剛散場。學生們正在幫我排椅子，爸爸們則在我的指揮下移動大鋼琴。

佳佳和我揮手。「老師，我來了，這是我堂弟小翰。」

我點頭示意，問他們可以幫忙把椅子排好嗎，小翰一股腦就跑到會場最後面開始把椅子對齊。

等大家把會場布置好，回頭看，椅子也工整地排列好了。從此對小翰的印象深刻。

輝煌耀眼的名字

後來小翰跟我學琴，我謝謝他當天的幫忙。他靦腆地笑笑。

我問他名字怎麼寫，他接過蠟筆，一筆一畫，寫起「翰」字。

筆畫很多，但他一絲不苟地顧及到每一個直角轉彎和撇捺。

我稱讚他寫得好，他說還沒有完呢，還有英文名字。

他認真地繼續寫著：「M-a-r-i-o H-a-n-k N-i-c-h-o-l-a-s」，寫完後，滿意地把蠟筆還給我，大聲地唸了出來：馬力歐・翰克・尼可拉斯。

我憋住不笑出來，也跟著他大聲唸了一次。心想一個小朋友哪裡找到這麼輝煌的名字。

※※※

小翰也讓我見識到男孩子的調皮，之前的靦腆只是給初次見面的老師看。他的爸爸常說他太好動，我則說男孩子本來就比較活潑，但調皮歸調皮，他對鋼琴是很認真的。

他媽媽說鋼琴是小翰自己說要學的，小翰哥哥倒沒有學鋼琴。

我覺得這很有意思，通常弟弟喜歡跟著哥哥。不過，別的東西小翰是把哥哥當英雄崇拜著。

我量他的身高，「老師，哥哥比我高好多。」

我問他喜歡什麼運動，「我最喜歡打球了，哥哥好會打球，籃球、棒球都好厲害，我都接不到哥哥打的球呢。」

他也喜歡秀他的玩具，「老師，你看，這是哥哥給我的。」

小翰真有運動細胞，也很有創意。一個小玩具，他可以變很多花樣。

他也帶過扯鈴到琴房，「老師你看，我可以遛狗，可以天女散花，可以……」

我在一旁已經嚇得一身汗，「好，小心，小心，小心！」

※ ※ ※

他喜歡鋼琴，也喜歡通過曲子時得到的貼紙獎賞。

「老師，我可以得到幾張貼紙？」

我答：「你彈得好，就可以得到一張貼紙。」

他覺得這個主意不錯，很小心地把曲子彈完。

我說很好，把貼紙遞過去，他說：「兩張？」

我說要兩張貼紙的話，要把曲子背起來喔。

聽到兩張貼紙，整個精神都來了。他馬上把譜闔起來彈琴。

「好了！」彈畢，他開心地宣布。

我說很棒。他接過貼紙說：「四張？」

孩子主動上鋼琴課

我也從堂姐佳佳口中知道小翰真的喜歡鋼琴。他們住在附近，一次在巷口遇到，兩個小朋友就玩了起來，「小翰丟球給我接，我都接不到。」佳佳抱怨地說。

我想小翰如果不是耍酷，就是故意的。

「後來，他說要去上鋼琴課，就走了。」

我有些吃驚，「就走了？」我問。

「對啊。」佳佳說。

想起小時候我要去學琴，電視上播著卡通，媽媽總要費一大番功夫說服我，我才肯離開電視去上課，而小翰在爸爸一聲令下，就來上課，真不簡單啊。

小翰也要上一年級了，很期待可以和哥哥一樣上小學，可以在學校一起打球。

他的鋼琴也越學越好，現在在學《給愛麗絲》的簡易版。

我彈給他聽，他馬上說這是倒垃圾的歌啊。

我說：「對，但現在你學鋼琴，你要知道它本來的名字是《給愛麗絲》。」

他點點頭說：「我和哥哥一聽到音樂，都跑去倒垃圾。」

一直跑下去

「老師，我現在很會跑步呢。上個禮拜，班上有賽跑，我跑得不錯喔。老師要我再去跑決賽，可以參加運動會的比賽。」他說。

「你好厲害！」我拍拍他的頭。

「可是，我沒有進決賽。」他有些喪氣。

我正想說些什麼安慰他。

他眼睛發亮，接下去說：「但是沒有關係。我現在才一年級，二年級還有機會可以再參加一次，要是沒有進決選，還有三年級啊。三年級要是進入決選就更棒了，表示我有進步呢！」

我聽了有說不出的感動。

想起《聖經》上保羅說的：「弟兄們！我不是以為自己已經得著了；我只有一件事，就是忘記背後，努力面前的，向著標竿直跑。」

我看到小翰努力地跑著，為著更好的明天。

這次雖然沒有成功，但只要他繼續跑下去，就會有希望。

他對自己的信心，讓他已經忘記了背後。

※　※　※

彈完《給愛麗絲》，他充滿期待地看著我，「老師，幾張貼紙？」

我拿出一大張貼紙說：「都給你。」

「耶！」他歡呼。

我問他上完鋼琴要去哪裡，他說要和哥哥去打球。「還要跑步，因為二年級，我還要參加賽跑！」

看他走遠的小身影，我心想從今開始你不叫小翰，要改叫標竿小人生。

謝謝你勇往直前，謝謝你做你自己，馬力歐・翰克・尼可拉斯。

茉莉的眼淚

我問你，音樂會的曲子改成蕭邦的夜曲，好不好？
你沉默地點點頭。
我知道你覺得受傷了。為何要把練習很久的詼諧曲改掉？

親愛的茉莉：

昨天的演奏會幸好圓滿結束。因為演奏會的時間和場地的安排有些變更，有的學生來遲了，我自己也忙著要上台，表演過程裡竟然忘了小孟。

當我得知漏掉了小孟，趕忙把在茶會上慶祝的家長和學生找來，再回到音樂廳，請大家給小孟一個機會（也是給我補償的機會）聽她彈琴。

小孟得到這個遲來的機會，不慌不忙地彈起馬祖卡舞曲。

你站在她後面，為好朋友有這個平反的機會，和她優美的琴聲，感動得一直哭一直哭。

我站在你身邊，看著你的淚水如珍珠般閃亮地墜落，我也感動了。

小鋼琴家的架勢

你一直是很特別的孩子，看你安安靜靜地說老師好，坐下來彈琴，馬上就讓我忘了你才七年級。高䠷的身材及修長的手指，已經很有小鋼琴家的架勢。

記得你的第一堂課，彈蕭邦的C大調練習曲。八度琶音上上下下，毫無困難；再來貝多芬的奏鳴曲，攤開譜，你

茉莉與眾人圍在小孟周圍聽她彈琴。

一頁頁地彈了下去。

我想你可能不知道這些曲子有多難。

以前的老師因為搬家，我幸運地成了你的鋼琴老師。心想你不管與哪位老師學，都會學得很好。因為**你熱愛音樂，這已是足夠的動力**。

你不只彈鋼琴，也拉小提琴，閒暇也愛作曲。

妹妹莎拉是你的小跟班，雖然你口口聲聲說她很煩，但我也看過你特地去接妹妹放學。她看到你，開心地吱吱喳喳說個沒完。你翻翻眼珠說：「唉，妹妹真的很討厭。」

聽媽媽說你們在家吵個不停。當你們彈起四手聯彈，簡直像是兩個要分手的情人般，一彈就吵架。

媽媽說乾脆不要練了，但你們還是很執意要彈，那就苦了媽媽。

你們雖然看似是死對頭，但媽媽也告訴我，你們兩個自己到南部的親戚家度假時，妹妹想家哭了。你不只安慰她，還讀故事書給她聽，陪她入睡。我就知道你是個好姊姊。

動人的友誼

那天上小孟的鋼琴課，你進來打招呼。小孟稱讚你琴彈得好，你也稱讚小孟。

我看你們對彼此的讚美，知道你們都很重視友誼。

你問可以在琴房寫功課，聽小孟彈琴嗎？小孟說她不介意，你開心地拿出作業寫了起來。小孟彈起貝多芬的迴旋曲，彈著彈著，哭了起來。

我正驚訝不知如何安慰她時，你比我還快地衝到小孟身旁，問她怎麼了。我趕快說都怪貝多芬，寫這麼難的曲子。

小孟沒有笑，哭著說，她想到今天考試沒有考好，很難過。

我安慰她說：「考不好沒關係，下次再來。」

小孟還是一直哭，你說你那天考試也考不好，要小孟不要難過。果然，好朋友的話比老師有效。小孟擦擦眼淚，不哭了。

你看了，才安心回座位寫功課，還不時偷看小孟。你不希望好朋友難過，那比你自己沒考好還不好受。

我想起我的妹妹，同你一樣做事情要求百分百，對別人好得不得了，寧願自己功課沒有做完，也要幫別人寫作業。

有些曲子需要更多練習

在演奏會上，你彈奏了蕭邦的夜曲，一首絕美的鋼琴音樂。

三頁的琴譜看似簡單，但其中有很多的華彩奏，八度，甚至十六度半音音階的琶音，一次比一次精采。

我聽後想了一會兒。問你音樂會的曲子改成這首夜曲，好不好？

你沉默地點點頭。我知道你覺得受傷了。

為何要把練習很久的詼諧曲改掉？詼諧曲再怎麼樣聽起來也比較酷，有很多八度和弦，再加上很多大聲的表情記號，彈起來多麼地神氣啊！

因為，親愛的小朋友，那首曲子，現在我們還沒有完全學好，並不表示以後我們沒有機會上台表演。

茉莉做的小鋼琴。

你已經習慣了兩三個禮拜通過一首曲子。當我們練習超過了一個月，你感覺焦慮，是不是彈得不夠好？

不是的，而是有的曲子就是需要更多的時間來練習，尤其是比較大的曲子。我以前當學生時，有時候一個學期就只彈了三、四首曲子。我除了練習外，還是練習。

藝術，不是一天可以完成的。有時候，它可能沒有完成的時間。

這樣說吧，十三歲彈的曲子，我現在再拿出來彈，可以有更深的體會。所以十三歲通過的曲子，不表示我已經畢業了。

我現在更喜歡拿以前的曲子來彈，和以前的我比較。知道什麼可以做得更好，如你的詼諧曲，在現在這個時間點不適合上台表演，並不表示我們就放棄不練了。音樂是條美麗的河流，我們暢游翻滾於其中，流過的古典、浪漫、印象派的風景盡收眼底。

想要重新回味，你可以再回去看。喜歡的話，再來一次。它不會因為你通過了，而不再美麗，而不值得你再彈，對不？

※ ※ ※

我看著你的淚水，在小孟的樂聲中，大珠小珠落玉盤。想著你才彈過的夜曲，不知道哪個比較美麗。

你恬靜溫暖的心及淚水，是十三歲的你，給演奏會一個珍貴的結尾。音樂，沒有停止，它繼續流在時間的河流裡。

等我老的時候，我會再游回來。看看這一場音樂會，及你的眼淚。

獅子老師上

永遠的敘事曲

等寒假完，去上鋼琴課時，我告訴老師，我沒有練習她給我的曲子，而練了蕭邦的敘事曲。

老師臉一沉。

莎拉來上鋼琴課。一轉眼，她已經上小學六年級了。

我們剛彈完莫札特的K310第一樂章。她彈得很好，上課時，我們再把幾個困難的樂句拿出來分手練習。

她特別喜歡快的曲子，只要譜上有一長串小得不能再小的音符，她就眼睛發亮。

上完課，她拿起蕭邦的譜，玩起她最喜歡的遊戲。

她隨意翻到任何一頁，問我這難不難，她什麼時候可以彈，還要我彈給她聽。

有時候一首曲子才彈幾個小節，就被她否決了。「這不好聽。」

我說這是蕭邦，怎麼可以這麼不敬？

她已經翻到下一首，說：「那這個呢？看起來好複雜。」

我一看，是蕭邦的第一號敘事曲。

我笑笑說：「我彈過這首曲子。」

她翻了翻，看到琴譜上有很多密密麻麻的音符，說：「來，老師，你彈。」

我看看琴譜，好久沒有彈這敘事曲了。我伸展一下手指，知道一旦開始彈奏這曲子，就是不歸路。

我開始了第一個音，低沉的Do，手指沉浸到琴鍵很深很深的地方之下。

我的手指慢慢啟航。我回到了一九九二年。

自我挑戰的曲子

那時我讀研究所。鋼琴教授是一位六十多歲、白髮蒼蒼的老太太，唐老師。她是茱莉亞音樂學院畢業的鋼琴家，對學生非常慈祥，很有耐心。

往往我們一堂鋼琴課上下來，我已經筋疲力盡了，老師還是神采奕奕。上完課，才知道剛才的課不是一個小時，而是兩個半小時。老師都不喊累了，學生更是不能說累的。

當我們開始要決定畢業演奏會的曲目時，老師給了我一些選擇。

我問：「可以彈蕭邦第一號敘事曲嗎？」

老師面有難色，說她已經選好了曲子，而且她覺得敘事曲太大了。

我說好，心裡卻另有打算。

※ ※ ※

我會這麼喜歡這首敘事曲，也是因為當我還是大學生，在琴房練習的時候，有一位研究所的學姐在練這首曲子。

每次我在琴房，就可以聽到她在練習。她練得很仔細，一個小節，一個聲部，有時候只練習一頁。練習是很枯燥的，但我每天聽她反覆地練習，也聽出她的進步。

當她整首曲子從頭彈起時，我會趕快躲到她的隔壁琴房聆聽。

三週寒假，每天苦練

學期剛好告一個段落，放寒假。我把敘事曲找出來，想趁寒假把它練起來。那老師就不會說曲子太大了，這是我的計畫。

寒假開始，我就每天練。白天練習，下午練習，晚上練習。

一個禮拜過去了，我已經全部會了，雖然速度上還有待加強。

接下來我開始背譜，每天背一些。

長達三個禮拜的寒假結束。我把敘事曲練起來，也背好了。

等寒假完，去上鋼琴課時，我告訴老師，我沒有練習她給我的曲子，而練了蕭邦的敘事曲。

老師臉一沉。我馬上說：「我已經背起來了。」

接著我坐下，從頭開始彈起。十二分鐘後，我彈畢。我不敢看老師，也不敢說話。

老師輕輕地咳嗽了一下，說：「好，你可以彈。」

我終於鬆了一口氣。

對生命的扣問與答案

蕭邦寫了四首敘事曲。彈鋼琴的人最喜歡的大哉問是，蕭邦的敘事曲中，最喜歡哪一首。

「敘事曲」的原文為Ballade（發音：巴剌得），取自文學「故事」的用語，來套在音樂曲式上，指敘述一個故事。

蕭邦的敘事曲各具特色，每一首曲子都是大曲子，長達十二到十五分鐘。它們像史詩，像小說。聽敘事曲的演奏，如同聽詩人朗誦詩歌，它不是背景音樂，你得全心全意地去聽、去感受，因為它灌注你耳朵時，直接到了你的靈魂，激起了你對生命最基本的渴望。

敘事曲，以一個低沉的Do音開始，那個Do說盡了一切，好似所有的答案都在裡面，它是一個開始，也是最終的歸屬。

像一個嘆息。它問你，你要去哪裡？你知道你是誰？

一陣沉默之後，旅程開始。左手的低音咚咚，咚咚，咚咚，敲在你心底。走了一段辛苦的路，經歷了很多的苦楚。你不禁悲從中來，哭了起來。

如天上來的安慰，峰迴路轉後，柳暗花明又一村。陰霾已過，久違的陽光透過雲層照下來。

音樂也從小調轉為大調。這個大調的出現，好像媽媽的懷抱，更像避風港。你可以在這個安全港灣裡盡情哭泣，不會遭受到任何的欺壓。

你重新充電，得到了更多的愛和力量。你又可以出來面對這個世界了。

你走出避風港，迎來的是更險惡的風暴。你向前走，再向前走，走不下去時，想到山谷的陽光，你繼續走了下去。

在戰鬥時，你想到你擁有的愛和一切是這麼的多。再苦、再艱難，你也可以克服的。

愛不會消失，愛會保護你，你儘管去闖天下。

咚咚，咚咚，你知道答案了嗎？

咚咚，咚咚。你想你知道了。

意義重大的曲子

許久沒有彈這首曲子。彈的時候，音符傳到我手指，傳到心裡的力量讓我悸動，我已經忘了它對我意義有多大。

我一面彈，一面覺得眼睛發熱。原來，它已經是我的一部分。

我曾經擁有這首曲子，雖然我的手指有些跟不上，全身的血液似乎都流到我的手指了。

我一直彈，一直彈。

眨眨眼，不讓模糊的視線阻礙我。

莎拉也聽得出神。

她看著譜，開心地說：「繼續！老師，繼續彈。」

當大調再現，我覺得我整個人都要飛上天了。天使小號齊鳴，響徹雲霄。

※※※

彈畢，莎拉興奮地拍手。她把我的手拉過去，放在她手上，問：「老師，你看我多久以後可以彈？」

我笑說：「不久的以後。」

她高興地拍拍手說：「我們都要繼續喔。」

是的，我們都要繼續。繼續彈琴，繼續下去，永遠不停止。

音樂Do Rei Mi

若沒有預算買琴，還有什麼變通方式？例如租琴？

若沒有預算買琴，有幾個變通的方法：

一、租琴：有些樂器社提供租琴的服務，琴可以搬到家裡練習。

二、租琴房：有些樂器社則提供琴房，可以讓學生以時數來租用，在樂器社練習。

三、買電子琴：電子琴價錢比較低，而且比較小，空間上比較好利用，但畢竟電子琴的觸鍵和鋼琴有差別，還是練鋼琴比較好。購買電子琴時，最好買八十八鍵，有踏板更佳。

直到那一天

學生從我們這裡學的有一半是我們的知識，
而另外一半，則是我們做好大人的個性及ＥＱ。

親愛的惟惟老師、貝兒老師：

那天在座談會上看到你們，很開心。雖然來不及聚聚，但想你們也一起聽了一場很有啟發性的演講，也覺得更有收穫。在回家的路上，收到惟惟老師傳來的簡訊，說你們當老師的心得是太累了，乾脆退休好了。

我笑了，因為我知道你們說的是氣話，而貝兒說要去畫畫，不教書了。我想起很多名畫家都是這樣開始的，或許貝兒會是下一個高更或塞尚呢。

明天是星期一，我們又即將開始新的一星期，會看到我們的小朋友。我們都知道「十年樹木，百年樹人」，要一百年的時光，老師才會修得正果。

上個禮拜，惟惟老師提起班上有位同學每次上課就會大聲尖叫，導致全班同學無法專心上課，等到安撫了這位同學，也下課了。

惟惟告訴我的時候，她已經上了一天的課。再加上這特殊的情況，更加疲憊。

我也想起以前的一位學生，可能在學校有些事情，來上課時，情緒不穩定，也無法上課。那堂課，我沒有辦法教鋼琴，但**花在和學生溝通的心力不會比教琴來得少**。

我後來在想，**學生從我們這裡學到的，或許不全都是我們的專業，我們的應對也是教學的一部分**。

大部分的時間，可以上課最好，不能上課，而要處理別的問題時，也是我們要學的。

有的家長會覺得上課不學習知識，不就浪費了時間和學費？我則認為學生從我們這裡學的有一半是我們的知識，而另外一半，則是我們做好大人的個性及EQ。

為什麼牧師今天演講的標題是〈為人師表，為人父母〉，而不是〈為人CEO〉？因為他覺得為人師表非常重要。

我想不只重要，它也是一個非常神聖的職業。

我們又何其有幸，能以這個職業為生。我記得以前一個主修鋼琴的學姊憂心忡忡地說，要是有一天她的手不能再彈琴的話，她該怎麼辦？我也一時之間為她煩惱了起來。

她說她想好了，她可以去傳道。現在想想，那應該更困難吧。

今天，我們可以當老師，是神給我們的禮物，給我們的恩典。當我們不能再教書時，願神給我們另外一條路。直到那一天到來之前，我也感謝這個能為人師表的機會，因為，讓別人叫一聲「老師」是多麼地榮幸。

所以，這封信寫給你們，更寫給我自己。

當我們在困難的時刻，讓我們都記得為人師表是何等的殊榮。直到不能教書的那一天，我們都要以此為榮。

獅子老師上

我為她的創意感到無比的驚喜。

一個小小四年級的小朋友，可以從這樣一個故事裡，換個角度看事情，實在很厲害。

拍手的好朋友

亮亮來上課，總是笑臉迎人，像個小太陽般，真如她的名字，迎向晨光的亮麗。她都先把譜擺好，也不宣布曲目，就逕自彈了起來。

我以前會不識相地問，她在彈什麼。

她沉浸在音樂裡，小聲地告訴我曲目，然後加一句：「你不記得了嗎？上次的功課啊。」

後來我學乖了，她演奏時，我就專心聽她的琴聲，當個聽眾。她彈畢，我拍手稱讚彈得好，她笑笑。換我彈新的曲子給她聽。我彈完，她也會報以我同樣的掌聲。我笑說我們是拍手的好朋友。

※※※

對她而言，我不是獅子老師，而是企鵝老師。因為某次她發現當她彈錯音時，我會不自覺想改正她，但又把話吞回去時，就會發出「咦」的怪聲。

「像企鵝耶，老師。」她說。

她學了一次企鵝聲，我笑答我根本不知道自己會發出這樣的聲音。她說那她再彈一次錯音，我就會變企鵝了！

要求多給功課的學生

亮亮很喜歡彈琴，常常要我多給她功課。

再上課，她都可以背上一兩首曲子，這完全是她勤練習後的結果。她也喜歡聽我說音樂家的故事。

我教她唸蕭邦的名字，聽起來像「秀片」，她說比較像Japan，所以我問她蕭邦是哪國人時，她會說是日本人，然後自己大笑一番：「Chopin，秀片，Japan，哈哈哈。」

一次，她拿學校的課本給我看，是世界名人大全。我翻了一下，有各國歷史，有科學家、文學家和音樂家的故事。

她翻到巴哈那一章節給我看。我覺得課本給的資訊太多、太繁雜。她說她爸媽也這樣說。

原來爸爸是化學家，讀了化學的章節，覺得不夠精簡；而媽媽是文學家，讀了中國歷史，也覺得課本可以編得更好。

「老師，現在你也說課本的章節不夠好，你們都一樣呢。」

※　※　※

我問她有看不懂的部分嗎？她反問我，考試會考什麼。

我聽了大笑，原來要我出考題。

我說這樣好了，不如我告訴她巴哈的生平。她說好。

巴哈是德國的作曲家，他生平寫過無數的曲子，因為他是國王御用的教堂音樂總監，每天做禮拜時的音樂，都是由他作曲的，所以作品數量很驚人。聽說，要是我們每天二十四小時都不休息，就手抄巴哈的作品，也要抄寫五十年才抄寫得完！

亮亮聽得津津有味，說她知道要怎麼介紹巴哈了。

愛麗絲指要站好

最近我們在彈貝多芬的名曲《給愛麗絲》，她彈得很好，不過右手小指站得不穩，而小指又身負大任，整首曲子的Mi Rei#Mi Rei#的Mi都是小指負責。我提醒她小指要站好。

「亮亮，你知道誰是愛麗絲嗎？她是貝多芬很喜歡的一個鋼琴學生。你想要是愛麗絲手指沒有站好，貝多芬還會把這首曲子獻給她嗎？」

亮亮搖頭說：「不會。」

我說：「這就對啦，所以，你彈這首曲子，手指一定要站好，特別是小指。

來，我們就把小指命名為《愛麗絲》指。」
她一聽，筆拿來，寫上「愛麗絲指要站好。」

童趣十足的《給愛麗絲》

我告訴她，我小時候很喜歡彈這首曲子，每次彈到C段的低音，合上右手和弦部分時都彈得很大聲。鄰居有一隻狗，這個時候就會開始嗚嗚地叫，我一面彈C段，一面學狗叫給她聽。
她大笑，也學起狗叫起來。
一首高雅的《給愛麗絲》，配上我們的狗叫聲和笑聲，充滿了童趣。至少她沒有彈錯音，不然再加上一隻企鵝咦咦叫，那一定更熱鬧了。

創意的改編

亮亮也喜歡寫故事，她分享了一個故事給我聽。
學校老師派了很特別的作文功課，要他們找一個童話裡的反派角色來平反，把他們的所作所為合理化。

我想這真的是很有挑戰性的作業。問她寫了誰，她說白雪公主的繼母。

哇，這個大家聽了就會怕的皇后，她要如何為她平反？

她說國王只有白雪公主一個獨生女，所以很寵她。白雪公主仗恃著國王的寵愛，變得很驕縱，對皇宮裡的人都很沒有禮貌。

當繼母來到皇宮，一直想改變白雪公主，希望她可以成為一個獨立的小孩，便派了一些家事給她做，想不到，她不但不肯做，還抱怨繼母把她當成僕人，負氣之下，就跑到森林去了。

森林裡有大妖怪，一直危害村民，本來蘋果是要拿去毒死妖怪的，白雪公主卻很執意要去執行這個任務。

繼母一再警告她，最漂亮的蘋果千萬不可以吃，但她根本不聽話，一時貪吃，還是把毒蘋果吃了，而繼母就成了有名的、心地狠毒的大壞人。

我聽了，為她的創意感到無比的驚喜。

一個小小四年級的小朋友，可以從這樣一個故事裡，換個角度看事情，或許白雪公主真不如童話裡的乖順，而繼母說不定真的有苦難言。

聽完她的故事，我完全被說服了。

讓你想成為更好的人

過年放了幾天假，再看到她，她送了我一隻紙黏土獅子。

「好可愛啊，謝謝你。」

我問她獅子胸前的黑白飾品是什麼。

「老師，這是鋼琴啊。不過只有六個琴鍵，哈哈哈。」

「那就是Fa# Sol Sol# La La# Si，哇，那我就不能彈《給愛麗絲》了。」我們一起大笑。

我把獅子放在鋼琴上，這是一隻很特別的獅子。

亮亮做給我的小獅子。

它肚子上有六個鍵盤的鋼琴，它也有一副好心腸，因為捏塑它的人在做它的時候，把這好心腸也放進了裡面；當它聽到錯音時，會瞬間變成企鵝，而最特別的是它的眼睛，總是可以看到你最好的一面，讓你想成為更好的人，更能發光發亮。如我們的亮亮。

雨天再見

我永遠無法知道小朋友會與我學多久的鋼琴，因為種種因素：功課、別的活動、失去興趣、搬家等等，小朋友會在一個時間點停了鋼琴課。

我了解這個變數，所以也更加珍惜每個學生。

早上陰雨濛濛，手上的咖啡冒著熱氣，窗戶雖然試著把雨關在外面，卻起了霧。手指頭在玻璃窗上左右來回塗抹一番，流下了一行雨滴。

我打開電子信箱，看到學生家長寄來了一封信。讀著讀著，心揪了起來。

讀完信，我把咖啡放下，雨似乎下得更大。

※　※　※

那是什麼感覺？心雖然不至於痛，但還是揪了一下。

這位媽媽謝謝我這個學期的教導，兩個姊弟也學得很好，當初來我這裡上課，是因為他們之前的老師到別的城市教書去了。現在老師回來了，他們想給以前的老師上課，希望我能了解，再次謝謝我在這段時間的教導。

字裡行間沒有再見兩個字，但我知道是再見了。

最美的畫

原來上個禮拜的課是最後一堂了。我說了什麼？小朋友們說了什麼？我有說錯什麼嗎？或有什麼是我疏忽了？

姊姊一直很穩重，像個小淑女般。弟弟很可愛，什麼都要和姊姊比。我給了他們完全不同的教材，但弟弟喜歡和姊姊四手聯彈。她拗不過弟弟，只好一起彈琴。

看著他們在鋼琴上四隻手一起合奏，對我來說是再美不過的一幅畫。

上完課，我才在想該給弟弟彈Clementi了，而姊姊可以開始學蕭邦。記得我曾一邊走，一邊想著曲目，提醒自己下次要給他們新的琴譜，誰知道沒有下一次了。

當然，這不是我第一次收到告別的信件，有時候家長就在電話答錄機裡對我說再見。最經典的電話錄音是一位媽媽說孩子不學了，因為恨透了鋼琴。

我聽到「恨透」兩個字時，先是愣了一下，就笑了，因為「hate」這個字在琴房是不被允許說出來的啊。

以為，已經免疫

我永遠無法知道小朋友會與我學多久的鋼琴，因為種種因素：功課、別的活動、失去興趣、搬家等等，小朋友會在一個時間點停了鋼琴課。我了解這個變數，所以也更加珍惜每個學生。

我們上課，不只我教，他們學，他們也教了我許多。所以當學生要與我說再見，我謝謝他們，謝謝我們一起走過的路，彈過的琴聲，一起分享的點點滴滴，叮叮咚咚。

我想起上課時天空的顏色，窗外綠樹上的小鳥幾乎賽過琴聲的鳴叫，還有姊姊和弟弟的笑聲。

我按了「回覆」鍵，謝謝媽媽的信。我了解他們的決定，謝謝他們給了我這個機會認識他們，也祝福他們。簽名，傳送。

我知道我會想念他們。只是，我以為對再見，我已經免疫了。

把心交了出去

原來，我並沒有對再見免疫，只是習慣了，習慣並不表示免疫。

我告訴朋友D。她是輔導老師，每天和很多小朋友相處，最喜歡與我分享他們的趣事，因為我了解其中樂趣，也聽得很高興。

她告訴我，她了解我為什麼難過，因為我們在教學的同時，也把心交了出去。

她勸我不要放太多感情，才不會難過。我笑說那是不可能的。

我想起她很喜歡的一個小朋友，她都叫她「小可愛」。

我問：「要是有一天小可愛不再來你這裡做輔導，而去別的地方呢？」

她回答：「我可以了解，因為這完全是家長的決定權。」

但馬上一臉傷心地說：「這表示我再也看不到小可愛了，那我會很難過。」

她說完，我們大笑了起來。

※　※　※

愛，就是如此；生活，就是如此。偶爾心揪一下，沒有關係，而明天又是另外一天。

明天的雨或陽光，琴聲或錯音，笑聲或淚水，明天的哈囉還是再見，心動還是心痛，都如此這般的美好。

我滿心這麼期待著。

童年的希望

貝多芬的《快樂頌》，他彈得很好。

邊彈邊唱，彈左手低音時，他就唱低一點。右手高音時，他就唱高一點。

頭也隨著音樂的高低走向晃來晃去，看得出很怡然自得。

看看時間，小漢要來上課了。門鈴響起，我趕緊整理一下儀容。

打開門，「嗨，請進。」

小漢和哥哥漢克故意靠著牆，不讓我看到。

「嘿，你們這麼高，我怎麼可能看不到呢？」我笑說，他們兄弟也笑了。

兄弟一起學琴，小心地給教材

進到琴房，哥哥很安靜地在書架上選書。

「老師，上次讀到一半吳念真的《這些人，那些事》在哪裡？」我幫他把書找出來，他專心地在角落坐下，讀了起來。弟弟小漢已經坐到鋼琴前，迫不及待地要上課了。

這次他練的是貝多芬的《快樂頌》。兩頁長的曲子，第一頁左手當家，第二頁換右手，最後兩手一起彈。

他彈得很好。邊彈邊唱，彈左手低音時，他就唱低一點。右手高音時，他就唱高一點。頭也隨著音樂的高低走向晃來晃去，看得出很怡然自得。

小漢和哥哥這個學期才開始和我學琴。他三年級，哥哥六年級，以前小時候學過很短時間的鋼琴，現在又重新開始。

哥哥弟弟一起學琴，我總會很小心地給教材。

獨特的獎賞

小漢彈完一次後，看著我說，他這個禮拜很認真地練琴。我說聽得出來。他很開心，又再彈了一次。彈畢，我為他拍手。

他看看我說：「老師，那可以獎賞我周杰倫了嗎？」

我笑了。課還沒開始上，就要獎賞了？

小漢站起來，示意我坐上鋼琴椅子。

他叫哥哥：「快來，哥哥，老師要彈周杰倫了。」

不用他招呼，哥哥已把書放下，靠了過來。

我彈起他們最喜歡的《不能說的・祕密》，兩個人四手聯彈的曲子。我把四隻手合而為兩隻手彈，一個人就可以演奏兩個人的曲子。

在左手的琶音和弦裡，我們走在晨光裡的樹林間，陽光才要升起，光線從葉縫裡透過來。

右手高音加了進來，蝴蝶飛過來，小鳥也在林間啼唱。喔，當然還有小漢加入的歌聲。

來到了溪邊，河流清澈見底，鳥鳴被溪流聲蓋過。Rei Do Si Do，Rei Do Si Do，Mi Rei Do Rei，Mi Rei Fa Mi……哥哥也唱了起來，我也一起哼著旋律。

走過了溪流，走出了樹林，美好的一天要開始了。

彈畢，兄弟們拍起手來。

這個獎賞源自於我們的第一堂課。那個時候，哥哥請我先彈首曲子給他聽。

我想了想，彈了這曲子。

他和弟弟喜歡得不得了，開心地拍手叫好，隨即要我教他們怎麼彈。

「老師，我們學多久，可以彈周杰倫？」

我說如果你們好好練習的話，很快就可以學到了。

後來，周杰倫成為他們的最愛：當他們彈得好時，我們來個周杰倫獎賞一下；學得不順時，來首周杰倫鼓勵他們；下課時，更要再來一次，以示慶祝。

※※※

小漢很疑惑地問我，他看電影裡，周杰倫和桂綸鎂把手疊在彼此的手上面彈，問這樣怎麼彈。

他說著便把右手疊到左手上面彈，「你聽，沒有聲音啊，這在彈什麼呢？」

我大笑說：「他這樣彈，可以碰到她的手。」

「為什麼？」小漢歪著頭問。

「男生喜歡女生，所以會想要牽她的手，以後你談戀愛就知道了。」

「哎喲，噁心死了，你不要再說了。」

※※※

小漢今天的課上得很好，我稱讚他。差點忘了問他，我今天儀容還可以嗎？

他看看我說：「不錯啊，今天老師穿得很好看。」

我得意地說：「是啊，特別穿了藍色毛衣。」

他說：「第一次上課，老師穿綠色的帽T，好像壞人；再來老師就都穿黑色的衣服，看來好邪惡喔，不然就是很老的感覺。」

我趕忙打斷他說可以了，不用再說下去。他渾然不知「老」字是個禁忌，還繼續著：「你都穿這麼老氣的衣服，難怪你是『獅子老師』，老——『獅』。」

還來不及反駁小漢，哥哥已經彈起鋼琴。

※※※

小漢走過來問，有沒有書可以借他看。我把我的書拿給他。

他問：「整本書都是你寫的？真的？沒騙我？」我笑說：「是的。」

哥哥上課時，弟弟在客廳讀著書，邊讀邊笑說：「老師，你是鋼琴暴君耶，哈哈，笑死我了。真的，在第XX頁你自己寫的。」

雖然他人在客廳，但我們在琴房還是聽得到他的笑聲。哥哥小聲地抗議了一下。

弟弟接著說：「哈哈，老師，你怎麼這麼容易受騙。學生給你糖，你就吃，不知道那已經放了兩年了，哈哈哈，好好笑。」

終於哥哥受不了，大聲告誡弟弟不要吵他上課。

以哥哥為榮

哥哥學得很快，不到兩個月，我們已經晉級到下一本教材。

我看他的曲子裡有第二鋼琴，便與他一起來個四手聯彈。

弟弟一聽到我們的琴聲，從客廳飛奔過來，「等我，等等我！哥哥，老師，等我，我也要聽你們彈琴。」

只見他一手拿著小凳子，一手拿著書，匆匆忙忙地跑到琴房，在鋼琴的右側坐了下來。

「好了，可以了，你們開始吧。」他說。

我坐在鋼琴的左邊，哥哥在正中央，弟弟在右邊。

「你去坐在後面！」哥哥邊彈邊指揮他。

「不要，這樣離你們比較近。」

小漢一面聽我們彈琴，一面大聲合唱著，還很大聲地告訴我：「這是我哥哥耶，好厲害吧。」

小漢就這樣擠在鋼琴與牆壁小小的空間裡，硬要聽哥哥彈琴，我看了都忍不住笑了。

彈琴的歡樂時光

我們彈畢，小漢如我們是搖滾巨星般地給了我們如雷的掌聲。

上完課，哥哥問有沒有周杰倫獎賞。我說當然有。我知道他也會彈旋律了，便要他與我一起彈，弟弟已經興奮地再擠到那個小空間裡屏息以待。

我們開始，風吹了過來，吹起了窗簾，及盆栽上的綠葉。大手牽小手。在學琴的路上，我是個快樂的老師，即使一再被小漢說我是「老」獅子，也是頭快樂的獅子。

突然想到不曉得他們長大，有一天不再彈琴或上課了，會不會想起我們三人一起擠在鋼琴前彈琴的歡樂時光？如多愁善感的媽媽般，我已經感傷了起來。

小漢問我在想什麼。我笑笑，搖搖頭說沒有。這音樂真的好聽。他問我會不會唱《時光機》，我說會啊。

在一旁的哥哥已經唱了起來：

那童年的希望是一台時光機
我可以一路開心到底都不換氣
戴竹蜻蜓穿過那森林

小漢聽哥哥彈琴。

打開了任意門找到你一起旅行
那童年的希望是一台時光機
你我翻滾過的榻榻米味道熟悉
所有回憶在小叮噹口袋裡
一起盪鞦韆的默契在風中持續著甜蜜

小漢開心地加入哥哥，大聲地唱著「那童年的希望是一台時光機」。

他們和我揮揮手，「下個禮拜見了。」

「老師，書幫我保管好，我下禮拜要繼續讀喔。」「好，下禮拜見。」

關上門，我哼著歌，下禮拜會繼續著我們童年的希望。

是周杰倫，是貝多芬，是琴聲，是笑聲，還有愛。

音樂Do Rei Mi

哥哥弟弟一起學琴，父母需要注意什麼嗎？

兄弟姊妹若一起學琴的話，父母需要很小心，不要比較他們的學習成果，每個孩子都不一樣，學習的動力和興趣也不會一樣。也可以和老師溝通，盡量用不同的教材。

上課時孩子最好分開上，如哥哥上課時，弟弟不要在教室裡，如此下來，兩人就無法比較，也可以維持良好的兄弟姊妹情誼。

樓上的貝多芬

在外奔波了一天，回到家很晚了，我和妹妹躺在床上休息。

這時傳來了規律的聲音。妹妹問是什麼。

我笑說是佈爾格彌勒鋼琴練習曲第十五號敘事曲。

她坐了起來說：「不會吧，這麼晚了，你去叫那個小朋友不要練了，我們要休息。」

晚上下課，把琴房收拾收拾，闔上鋼琴，泡了一杯熱茶，打開床頭燈。拿起昨晚讀到一半的書，準備繼續讀下去。

忽地一陣風鈴聲。細細碎碎，又上又下，忽遠忽近，大珠小珠落玉盤，飄到了耳邊。

是鋼琴！我坐起來專心傾聽。

那聲響原來是練習音階的鋼琴聲，流暢的速度像風一般。想是樓上的小朋友在練琴。

看看時間，晚上九點十分。

C大調練習完了，接下去換a小調，四個八度，加上琶音練習，再來終止式，非常完整的一套音階練習。

接下去呢？他會練習什麼？不容我多想似的，開始了D大調的音階。

我笑了，是個認真的小朋友呢。

想必是下課補習後終於回到家，應該還來不及寫功課，怕寫完功課，再練琴就太晚了。先練琴吧，功課可以晚一點再寫。

住大樓裡，我不敢教太晚。通常最後一個學生在八點半結束，希望琴聲沒有干擾到鄰居。

練琴的大忌

問學生，他們都什麼時候練琴。

國三的阿寬說，他回到家也快十點了，趕快先練琴。

十點？「鄰居有沒有抗議？」我緊張地問。

他聳聳肩說：「沒有。」

這讓我想起以前當學生時，學校有兩棟大樓為音樂練習室，裡面有直立式鋼琴琴房、三角鋼琴琴房、室內樂練習室，更有只容得下一台大提琴空間的練習室，可以讓音樂系的學生盡情地練習，不會吵到別人，吵的話，也是這些練習的學生。

但在住家，就有不一樣的規矩。還在念研究所時，一次到同學珍妮家借譜。到了她的公寓，看到客廳擺了台直立鋼琴，我驚呼。

她說有時候家裡有琴，還是比較方便。那當然，只是學生沒有預算再另外租琴。看到同學有這樣的「排場」，很是羨慕。

當下就在鋼琴前坐下來，興奮地打開鋼琴，彈了起來。

我一彈，珍妮氣急敗壞地跑了過來說：「你在幹嘛？」

說著把我從椅子上趕起來，把琴蓋蓋上。

「已經十點了，鄰居們都在休息。」才知犯了大忌。

巴黎夜色太美

也想起某次到巴黎玩，仲夏夜，即使快午夜了，塞納河畔的每個景點都坐滿了人，夜色裡傳來的歌聲及河上的月光，似乎是靜止不動了，時光停在歌舞昇平的塞納河。

下了船，走在街上。昏黃的燈光下，找到了莎士比亞書店，進到了時光隧道裡。我也爬上傳說中的二樓，聽說有台鋼琴。

是的，真的有台破得不能再破的鋼琴。不曉得海明威，或費茲傑羅有沒有觸摸過這鋼琴。著魔似地，我走到鋼琴前彈了起來。蕭邦夜曲應該會很適合這樣的一個巴黎之夜，我沉醉在琴聲裡……

砰砰砰，有人跑上樓，「你在幹什麼？」店員氣急敗壞地說。

「這麼晚了，大家都睡了，你不可以彈鋼琴！」我道歉再道歉。

啊，是巴黎的夜色太美，是塞納河畔上沒有散去的夏日宴會，讓我忘了時間的存在。

※ ※ ※

樓上的小朋友音階似乎練習完了，暫時沒了聲音。

曾經我的學生小芬住得很近。我住在社區第五棟房子，她住在第一棟。上課時，她走路過來不到一分鐘。有時候，我在家裡會聽到她練習的琴聲。一次她彈錯了音，我打電話過去，「小芬啊，我是老師。你第二小節的Fa要記得升喔。」我想她一定很想搬家！

我還在這痴痴地等樓上的貝多芬彈下一首曲子，該不會今天就練習音階吧。音階只是暖身，好戲才要開始呢。

我們的搖籃曲

還住美國時，一次和妹妹回台灣，在外奔波了一天，回到家很晚了，兩人躺在床上休息。這時傳來了規律的聲音。

妹妹問是什麼。我笑說是佈爾格彌勒鋼琴練習曲第十五號敘事曲。

她坐了起來說：「不會吧，這麼晚了，你去叫那個小朋友不要練了，我們要休息。」我說我才不會去叫小朋友不練習的。

她呻吟了一聲說，小時候躲不過我練琴的折磨，想不到回到台灣，又重溫了魔音穿腦的惡夢。

我大笑。我們躺在台北的夜裡，聽樓上的小朋友練習敘事曲，而我一一為妹妹解析曲子。

「聽，開始是前奏，A段左手帶起旋律，低低的聲音像不像獅子低吼？嗯，小朋友這一段比較不熟，要多練……然後獅子走了，換小鳥在樹上啼叫唱歌，我們也轉到大調，所以快樂多了。喔，好景不常，我們又回到之前的A段，獅子又回來了。」妹妹也睡著了。

那個禮拜，敘事曲就是我們的搖籃曲。

※ ※ ※

樓上終於沉寂了。啊，是了，也快十點了，想小朋友也要開始挑燈夜戰，寫功課或休息。我打開書，明天了，明天了，明天我們空中再見。

不管你練習什麼，老師都偷偷在樓下為你加油。

晚安，樓上的貝多芬。

音樂Do Rei Mi

練習會吵到鄰居嗎？怎麼辦？

練習鋼琴比較麻煩的是會吵到鄰居，也會吵到家人，盡量達成住家的共識，看大樓的限制，在時限裡完成練琴；或練琴時把窗戶關起，減少聲音外傳，也是一個方法。

有的鋼琴有弱音踏板，必要的時候也可以使用弱音踏板。

最近更有鋼琴業發明了新的技術，在鋼琴上裝起靜音的裝置，只要一個踏板，就可以把聲音傳到耳機裡，完全不會吵到任何人。

大手牽小手

她常慎重地把譜拿給我，說要試著背譜。雖然短短的曲子，但當她全心全意地彈著，我為她百分百的投入感動。

媽媽帶小芯和哥哥小楷來上第一堂課時，有些遲到。她不好意思地向我道歉。我說不要緊，初次來上課，時間比較不好抓。

她說孩子們出了捷運站，看到了馬路邊的空地像瘋了般，竟然跑了起來。兄妹倆不顧媽媽的呼喊，硬是跑了一圈才回來。

我大笑。孩子就是孩子，我每次經過那片空地，總會想這麼熱的天，誰會來這裡玩？想不到孩子們這麼喜歡。

哥哥小學三年級，很有老大的架勢，馬上吩咐妹妹先上課。

妹妹害羞地坐上鋼琴椅子。我問她學過什麼。

才一年級的她，很有條理地告訴我上過的課本和彈過的曲子。

我便選了首新的曲子給她。

我彈了起來，她一聽到曲調，睜大了眼說：「好聽。」

我問她要不要試試看。她微笑點頭說：「好。」

雖然看得出她不是很有自信，但她歡喜地與我交換位置。

坐好，眼睛專注地盯著鋼琴，擺好姿勢彈起來。

專心的時候，時間過得特別快，我稱讚她：「上得好，換哥哥了。」

她驚覺已經下課了，「好快啊。」她說。

哥哥在旁安靜地看書。趕忙收起書，準備彈琴。

哥哥彈了幾首以前的曲子，彈得很好，很有音樂性。

我們複習了舊的曲子，也學了新的。

※ ※ ※

好喜歡躺在這看書

我聽妹妹沒有聲音，轉頭看她在做什麼。驚訝地看到她躺在地上，兩手伸得直直的拿著書，正看得津津有味。

我問她這樣舒服嗎？

她說：「老師，你家的地板好棒，我好喜歡躺在這看書。」

我大笑。哥哥說剛才也這樣躺著看書，「嗯，我同意妹妹，這裡的地板很好躺。」

※ ※ ※

上完課，媽媽來接他們。

我說孩子們上得很好，有個很好的開始。

「回去後，要練琴喔。下次來彈得好的，有貼紙。」

妹妹聽到貼紙，興奮得眼睛發亮。

「真的？有貼紙？這麼好。」

怡然自得的兩兄妹。當哥哥練琴，妹妹就在旁邊看書。

小芯喜歡躺在地板上看書。

我說曲子背起來的話，得到的貼紙更多。

她說：「趕快，哥哥，我們回家趕快練琴。」

送走他們，爸爸問我剛才小朋友是不是躺在地上。

我說：「對，他們很喜歡我們的地板。」

爸爸也笑了，吩咐我下個禮拜他們來上課以前，要記得拖地，這樣他們才有乾淨的地板可以躺。

妹妹的加油聲

他們再來上課，妹妹對於會不會得到貼紙很在意。她常慎重地把譜拿給我，說要試著背譜。

雖然短短的曲子，但當她全心全意地彈著，我為她百分百的投入感動。彈畢，她迫不及待地問：「兩張貼紙嗎？」

我點頭說：「當然。」她開心地拍手，選了兩張貼紙。

換哥哥上課，問妹妹得到幾張貼紙，他和妹妹一張張地數，「六張！換你，哥哥。」

哥哥坐上鋼琴時，妹妹要躺下看書前，還再喊了一次：「哥哥，加油！」

※　※　※

他們之間散發出一股怡然自得的默契。

哥哥早幾年出生，也早幾年開始學琴，所以彈得比較好。這優勢，哥哥知道，妹妹也知道。

妹妹知道她彈的曲子比較簡單，但她學得很起勁，處處充滿了對音樂的驚喜；而哥哥就是哥哥，他說話有種權威，他對彈琴的態度比較輕鬆。

哥哥對他的優勢很放心，而妹妹也很尊重哥哥。她對初級的鋼琴程度也很能接受。

※ ※ ※

我想起妹妹。我們小時候曾到教會學英文，那時國小課程裡還沒有英文這一項。我三年級，妹妹一年級。教英文的老師人很好，我們從英文字母開始學起。班上還有另外五個小朋友，年齡不一。課程一旦開始，就有進度。

剛開始的單字都不難，到了後面，有teacher和student這些超過五個字母的生字出現。

記得小考時，我背student，就背了好久，還是背不起來，感覺非常沮喪。看看妹妹，傻傻地在一旁畫圖，也沒有在背單字，或許她根本就聽不懂。
考試果然有student這個字，我一個個字母辛苦地拼出來，心想妹妹不知道會不會寫。
時間飛逝，我不知道這一切是怎麼發生的，但有一天，我發現妹妹的英文早遠遠地超過了我。
我很驚訝，因為照理說，學音樂的聽說學語文比較快。
我聽力不錯，也不怕說。妹妹比較內向，鋼琴學了五年後就停了。但，聽她說英文如歌唱般地美好；而她的英文作文遣詞用字優美得如詩歌。
我看著小楷和小芯，歷史會不會在他們身上重演？我不知道，也沒有答案。

※ ※ ※

要開鋼琴演奏會了。哥哥準備了一首非常酷的曲子，妹妹也有首可愛的《螢火蟲》要表演。
練習的時候，我告訴她，我們可以試試四手聯彈。
她馬上要我與她合奏，我們四隻手發出的樂聲比兩隻手豐富。

小芯止不住內心的快樂說：「太好聽了，再一次好嗎？」

我說：「好。」我們又彈了一次。彈畢，我問她要不要與我一起上台彈四手聯彈。

要是她比較喜歡一個人獨奏，也不要緊。

她沒有聽我說完，就大聲地回答：「老師，請與我一起合奏。」

演奏會到了，小芯打扮得漂漂亮亮，像小公主一樣，和哥哥坐在觀眾席的第一排，我過去和他們打招呼。

妹妹看來很緊張，哥哥看到妹妹緊張，他反而很鎮定。

我上台致詞，謝謝大家來到音樂會。節目將會很精采，因為我知道大家都會表演得很好。

節目開始了，我回到座位，看到小芯拿著節目單看看哥哥。

他對她笑笑，本來充滿愁容的小臉，看到哥哥笑了，她也笑了。

我在後面看了，想成長的過程裡，有個哥哥可以倚靠多好，而成長的過程裡有個妹妹可以疼，更是福氣。

小芯看看我，我們要上台了。

音樂的路上，大手牽小手，我們一起走。

音樂Do Rei Mi

兄妹一起學琴的優點？

家裡只要有一個孩子學樂器，其他的弟弟妹妹們都會受到影響，如一種奇妙的音樂家庭教育，沒有學樂器的孩子每天耳濡目染地聽哥哥或姊姊彈琴，他們不知不覺中就也知道曲調了，也學到了不少呢。

家裡有學琴的哥哥姊姊的孩子，他們學得就比別的學生快。

阿嬤彈琴說愛

阿嬤很認真，每次上課都準時到。
課本拿出來，又是畫線，又是色筆標記音符。

小安還不到六歲，小小個子的他，睜著大眼睛看著我。

阿嬤帶他來上課時，告訴我小安從小身體不好，現在長大，情況好多了，不像小時候常跑醫院。

我說他好得很，不要看他現在乖乖地在排音符，等一下再來接他，他就要把這琴房弄翻天了。

沒錯，阿嬤一走，小安已經把所有的椅子重新移位，再把琴譜四處散放。上完他的課，我往往一身大汗。時間到了，阿嬤再來接他下課。

我很喜歡看他們祖孫，總讓我也想起我的阿嬤。對孫子總是那麼的溫柔，從不大聲責罵，給的是無條件的愛。

※　※　※

一次，在鋼琴學生發表會上，我有感而發地說，我的學生裡什麼年紀都有，就是還沒有銀髮族，好希望下次有阿公阿嬤上台呢。

結果下次阿嬤帶小安來上課時，他很興奮地告訴我，阿嬤也要和我學琴了！

我驚喜地看著阿嬤，她臉都紅了，說：「老師，上次在演奏會上，聽你說老人也可以學琴。你不嫌棄的話，我也想學琴。」

我趕忙說：「歡迎。」就這樣，我有了第一個銀髮族的學生。

因為，愛

阿嬤來上第一堂課，拿小安學過的課本來。

我們打開課本，就看到花花綠綠、五顏六色的貼紙，唐老鴨和閃電麥昆對我們笑。

她說她總認為彈鋼琴是個遙不可及的夢想。退休後，孫子和她的花園就是她的世界。

她很愛小安，學鋼琴有很大一部分原因是為了他。她很希望可以和小安有共同學琴的回憶，所以她也要和小安的老師一起學琴。

我聽了很感動。是怎樣的愛可以大到願意和孫子一起學琴，學習新的技藝？她一再強調，她學得很慢。我告訴她，每個人的步調都不一樣，不要擔心。

我們學了Do Rei Mi和指法，阿嬤也學了第一首曲子《生日宴會》。

換小安來接阿嬤下課了。小安衝進琴房，要阿嬤彈給他聽。

他聽完後，問我怎麼沒有給阿嬤貼紙。我們都笑了。

小安很堅持阿嬤也要學海頓的《驚愕交響曲》主題。阿嬤安撫他說好，以後一定會學《海豚》給他聽。

他糾正她說：「阿嬤，你現在學鋼琴了，要知道『海頓』是作曲家，不是海豚啦。」

阿嬤的祕密

阿嬤很認真，每次上課都準時到。課本拿出來，又是畫線，又是色筆標記音符。

她說記性不好，常彈一彈，就忘了彈到哪裡了。

我稱讚她手指站得好，而且每次都有進步。我們也從簡單的單手曲子練習到比較複雜的曲子。

我問她平常怎麼練琴的。她像要告訴我祕密般地，壓低了聲音說：「我都偷練。」

什麼？怎麼偷練法？

原來她並沒有告訴她先生學琴之事，因為他知道後，一定會笑她。所以，她就趁他睡午覺的時間，趕快跑到附近音樂教室的琴房練習，然後趁他還沒有醒過來時，再趕快回家。

我聽了忍不住笑了說，這樣下去不是辦法吧，他總會發現的，況且說不定他會很讚許她的勇氣呢。

她有些懊惱地回答：「等他發現再說吧。」

就這樣，每次阿嬤來上課，我都很想問她有沒有被發現。

終於一次她來上課時說：「老師，他知道了！因為我去買譜時，還加購了琴房練習時間，音樂教室就送了一台電子琴給我，琴總是要搬回家……」

「那他怎麼說？」我急急地問。

她說：「他笑我這麼老了，還在學小孩子學的東西？」

我安慰她說沒關係，因為她會彈琴，而他不會。

「我知道他不會了解的，但我也告訴他，我會堅持學下去，他就沒有再說什麼了。現在我還是趁他睡午覺時練琴，不過不用再去琴房了，把電子琴的音量調小就好。」

我很高興這不再是個祕密。阿嬤也學到了海頓，小安很開心，還和她合奏。他們是好同學，我想阿嬤還要叫小安一聲「學長」呢。

因為心疼

後來，阿嬤便先去學校接小安放學，再一起來上鋼琴課。小安剛換新的學校，所以適應上有些問題。

有時候阿嬤去接他，看不到小孩，知道孩子又被老師留下來訓話了，只好硬著頭皮進教室接他。

小安媽媽知道後，總會再責備小安一次。阿嬤捨不得，會在旁邊幫小安說幾句話。

幾次上課遲了，我問原因，阿嬤才告訴我。

她說，小安媽媽怪她太寵孩子，其實她更捨不得看自己的女兒，就是小安的媽媽這麼辛苦，上班之餘還要帶小安，希望可以為她分擔一些。

阿嬤說著說著就眼紅了。

我拍拍她的肩膀說，我相信小安媽媽知道的。只是當大家都累了，就更覺得有壓力，希望她不要想太多。

※ ※ ※

課上完，小安又跑進來接阿嬤。他要阿嬤拿手機的照片給我看，原來阿嬤的花園裡有綠繡眼來孵蛋。本來小小的蛋在母鳥的照顧下，很快就變成小黃口了。

阿嬤相片拍得很仔細，還一張張解釋給我們聽。

「現在呢？」小安問。

阿嬤摸摸他的頭說：「長大就飛走了。」

「不見了？有回來看鳥媽媽嗎？」他問。

「沒有呢。」阿嬤說。

小安像想到什麼，很得意地說：「阿嬤說她沒有我彈得好呢，沒有我靈活。」

我故意將他一軍說：「我可不這麼認為喔，阿嬤很認真。我想她很快就會趕過你了。」

小安聽我這麼一說，有些著急，拉著阿嬤要走了，想是要回家練琴。我和阿嬤都笑了。

※ ※ ※

送走他們，我心想小安長大後，會不會了解阿嬤對他的愛是獨一無二的？而阿嬤和他一起學琴的動機只是為了他？他會不會記得這段祖孫一起來上鋼琴課拿貼紙的時光？

不過，我很確定的是阿嬤一定不會忘記，而我，也不會忘記。

音樂Do Rei Mi

學琴有年紀的限制嗎？最小幾歲就可以學？年紀大的人也可以學琴嗎？

學琴沒有年紀的限制，只要想學，就是開始最好的出發點和時間點。

至於最小幾歲可以學琴，也沒有一定的答案，看孩子的情況而定，而年紀多大還可以學，也沒有一定的答案，想學習的心才是最大的元素。

我教過最小的孩子是四歲，但也有學生小學六年級才開始，學得也很快，年紀最大的學生是六十七歲，也學得很好。

不一樣的月光

絕對不要低估一個人的能力與毅力。

學了一年的麗雅，一頁頁地學，幾個禮拜後，也學會了貝多芬的《月光奏鳴曲》第一樂章。

禮拜五下午五點，麗雅準時地出現在我家門口。打開門，她已經笑開，「老師好。」

我也說：「老師好。」因為麗雅這個學期開始在學校教書。

她還不習慣這個稱呼，愣了一下，才驚覺我是在叫她，她笑答：「咦，對，我也是老師了。」

她進來，一身可愛活潑健身操的打扮，綁個馬尾，好似馬上可以來段熱舞般地輕便。

她放好琴譜，先喝口水，告訴我今天帶小朋友拔河，全身上下的骨頭都快散了。

「拔河？」我吃驚地問。

她點頭道：「拔河可不是隨便來啊，要有方法的。」

她擦擦嘴說不過現在不是拔河時間，是小狗時間。

是的，我們在練習蕭邦的《小狗圓舞曲》。

你，做得到

麗雅一年前開始與我學琴。每次聽她彈琴，我就像失智老人，一再地問她學了多久。

她也好脾氣地一再回答我，「在你之前學了三個月，後來換來你這裡，學了快九個月了。」

因為麗雅雖然學得不久，但學習的動力與毅力很夠。她是個大人，也不在乎什麼「起跑點」的壓力。彈得開心、學得快樂，對她來說最重要，也因為這樣，聽她彈琴特別有樂趣。

我們從簡單的教材學起，很快地，我發現初學者的教材，對她來說太簡單了，便開始挑戰古典時期的曲子，如貝多芬的《土耳其進行曲》和簡單的小奏鳴曲。

她彈到《土耳其進行曲》時，興奮地臉發熱，眼睛發亮地問：「我真的可以彈這曲子？真的？真的？」

練習的時候，好像在打開寶藏般地小心翼翼地彈每個音。聽出那熟悉的旋律時，就像挖到了寶。整首曲子彈完後，如發現了整個金礦。

「我不是說過，你做得到的！」我對她說。

別低估人的能力與毅力

學完，她問，多久以後可以學貝多芬的《月光》。我想了想，說可以來試試看。

她下課馬上飛奔去買譜。

「我和店員說我要買貝多芬的《月光奏鳴曲》，他問我是孩子要彈的嗎？我很驕傲地告訴他，是我要彈的。老師，當我拿到那印著Beethoven灰色封面的譜，好開心啊。」

她喜歡抱著鋼琴譜，「老師，這樣走在路上多麼神氣啊。我現在到哪裡都喜歡抱著我的貝多芬，比拿名牌包包還拉風呢。」她說。

當然，打開譜後，才知道沒有那麼容易。

四個升記號，右手五隻手指頭，必須彈出兩個聲部，最小的第五指獨當一面地要壓過低音和中間的和弦唱出主旋律。

但，絕對不要低估一個人的能力與毅力。貝多芬不是耳聾了，還寫出曠世奇作？

學了一年的麗雅，一頁頁地學，幾個禮拜後，也學會了第一樂章。

基本功之必要

再來呢？她說想學《小狗圓舞曲》。我們都想到了日本的卡通電影《琴之森》

裡的天才鋼琴學生，他喜歡創作，彈琴如天女散花般地怎麼彈怎麼好聽。

後來，聽到了蕭邦的《小狗圓舞曲》，卻無法如往常聽了，就可以馬上彈出來。音樂老師教他降D大調的音階。

「好好練這音階。」老師什麼也沒有再多說，就留下他和那音階。

他早也練，晚也練，正埋怨沒有什麼比練習音階還來得無趣時，忽然間，他就會彈《小狗圓舞曲》了！

我們驚嘆這個小故事把基本功之必要說得如此令人心服口服。

「所以，我得從降D大調開始練習了？」麗雅問。

我說沒錯，音階會了，包準《小狗》也會了一半。

她從第一頁第一段開始，雖然她常自嘲自己的《小狗圓舞曲》像電影《班傑明的奇幻旅程》從老狗先現身，「現在是老狗啦，不過，再給我一段時間，我也可以變成小狗。」我們都笑了。

慢慢的，老狗真變小狗，越跑越快，可以追趕自己的尾巴。

她告訴我，有一次下雨，不能帶學生到外面操場運動，便放《琴之森》電影給學生看。

「老師，他們都好喜歡呢，音樂果真是國際性的語言，或許下次我可以彈琴給他們聽。」

獨一無二的《月光奏鳴曲》

她彈奏的《小狗圓舞曲》流暢又絢爛，我直拍手叫好，她謝謝我，接著告訴了我最近她和一位學生家長的對話。

這位家長很吃驚麗雅在學鋼琴，問她彈到什麼程度了。她答說現在在學《小狗圓舞曲》。

這位媽媽也知道那是很難的曲子。接著問她學了多久？以前還彈了什麼？有沒有學拜爾和徹爾尼？有沒有學音階？練《小狗圓舞曲》以前有沒有先學小奏鳴曲？

麗雅告訴那位媽媽，她的老師認為**技巧的東西可以直接從曲子裡練習**，不用特意練習徹爾尼，音階則以正在學習的曲子的調性音階為主；而小奏鳴曲比較難，裡面很多的快速音，目前還彈不來，所以學了貝多芬的《給愛麗絲》。

那位媽媽馬上說：「一定是簡易版的。」

麗雅說不是的，她學的是原版，一共三頁，有ABACA五段的譜；也學了《月光奏鳴曲》。

那位媽媽馬上說：「一定是第一樂章。」

麗雅也承認是第一樂章，「因為第一樂章最簡單。」那位媽媽說。

「那《小狗》呢？」她又問。

麗雅答，「《小狗圓舞曲》學完了，老師說下次要學德布西的《月光》。」

那位媽媽的表情覺得她瘋了，她的老師也瘋了。麗雅說完，我們都笑了。

我告訴她，她的《小狗》彈得很好，是隻健康的小狗了，她也同意。

下課後，她已經等不及要去買德布西《月光》的譜，我也一樣等不及上她的課，看她要帶來什麼樣的《月光》。

※　※　※

如黃昏的彩霞，不會有完全一樣的色彩，如地上的小草，不會有完全一樣的青綠。我期待今晚天空入夜後無法複製的靛紫，更期待麗雅的《月光》，我相信將會是獨一無二的。

音樂Do Rei Mi

基本功很必要嗎？若沒有天分，是不是只能苦練？

基本功當然重要，如音階的指法若學得正確，彈起音階的樂句會容易得多，話說回來，有天分的學生，也需要練習的。不要忘了愛因斯坦說的，天才是百分之一的天分，和百分之九十九的努力。

卡農的春天

她告訴我說她也很喜歡讀我的部落格，那天讀到了一句話，讓她很吃驚。

我問是什麼。

她說我提過很少羨慕別人。她說她想了很久，因為要不羨慕別人，得有足夠的自信。

她才發現原來她總是覺得自己不夠好。

小宇媽媽來接小宇下課時，欲言又止，「老師，我想問你，不知道……」她竟臉紅了。

我鼓勵她說下去，「你問，不要緊。」

「我也想學鋼琴，可以嗎？」

小宇比媽媽還興奮，替我回答，「可以啦，媽媽，你一定可以的。」

我笑了，拍拍她的肩膀說：「非常歡迎啊！小宇媽媽。」

我們排了時間，小宇媽媽下次便和小宇一起來到琴房。

待小宇上完課，媽媽在我們鼓勵的眼光下，坐到鋼琴凳子上開始上課。

※ ※ ※

小宇媽媽以前也同小宇一起上過鋼琴課，後來他們搬家便停了。看小宇開始練琴，她也把舊的譜找出來練習。終於鼓起勇氣，也一起來上課。

她學過幾個月，我看她彈的東西，都已經不是初學者的曲目，想以前的老師一定覺得她有潛力，給她比較有挑戰性的東西。

我便從她上次停下的曲子繼續上了下去。

她吃驚我沒有讓她複習舊曲子，我說因為她的基礎打得不錯，雖然鋼琴課停了些時候，但聽得出來她並沒有停止練習。她很開心地說她會好好練習。

母女相互激勵

小宇媽媽果真很認真練習，小宇看媽媽這麼認真，也鼓舞了她，告訴媽媽練完琴要換她。小宇暗自計時，媽媽練多久，她也照樣，只能更久，而不能少於媽媽。

她們再來上課，兩人進步得非常快，也都互相稱許。

唯一小小的抱怨是家裡最小的弟弟，看她們這麼勤奮地練習鋼琴，就佔住鋼琴，說得等到他練習完，才可以輪到媽媽或姊姊。我們都笑了，因為弟弟只有四歲。

小宇媽媽說她很喜歡《卡農》，不知道什麼時候才可以彈得到。我說現在就可以來試。

我找到改編的譜教起她，也分析給她聽，這曲子有頑固低音貫穿全曲，所以左手只是一直重複同樣的低音旋律；而右手的旋律如主題與變奏，只要把第一頁練好，其他的就只是同樣的東西加上一些變化而已。

她很興奮地試低音，我彈起右手，加入她。

她的眼睛發亮說：「老師，我在彈《卡農》了耶，真不敢相信！」

做自己，不再羨慕別人

她告訴我說她也很喜歡讀我的部落格，那天讀到了一句話，讓她很吃驚。

我問是什麼。她說我提過很少羨慕別人，她說她想了很久，因為**要不羨慕別人，得有足夠的自信**。

她才發現原來她總是覺得自己不夠好。

讀了那句話後，她開始認真地想為何羨慕別人。她在家排行老二，媽媽疼老大，爸爸疼妹妹，居中間的她，只能乖乖地不要惹麻煩。

在學校，她也表現得不錯，但很少得到老師的讚美，所以一直認為自己就是這樣一個普普通通的人。大學離家後，開始有了自己的生活，畢業後找到工作，結了婚，有了自己的家，她也沒有停止研究所的課，硬是把碩士學位拿到。

後來，有了小孩，便把工作停了，好好當全職媽媽，這可比任何工作都還累、還辛苦，但也更值得。

終於女兒小宇大了些，她帶孩子上鋼琴課時，想起這是她小時候不敢要求的夢想，此時不試，更待何時呢？

她學了鋼琴後，覺得整個人好像活了過來。在鋼琴的樂聲裡，她可以做她自己。她不再羨慕別人，喜歡自己的琴聲，也喜歡孩子的樂聲，而且很享受這一切。

當別人問她，當媽媽已經夠忙了，還給自己找麻煩上鋼琴課？以前她會很懊惱別人這樣說，但她現在已經看開了。

自信像顆種子

我聽了很感動，告訴她，我也不一直都是如此有自信的。學校有些功課不好，多多少少給了我心靈上的陰影。

那個時候很羨慕成績好的同學，覺得他們走起路來很理直氣壯，而我只能彎腰駝背地走。

後來，考上五專的音樂科，雖然國中老師覺得這很不上道，沒有前途，但爸爸媽媽很以我為榮，知道我有多努力才考進去的。進了新學校，也有了全新的自信。

自信像顆種子，一旦有了發芽的機會，它會一直長一直長。所以，後來，我不再羨慕別人。

等了三十年的曲子

我問小宇媽媽願不願意來參加學生的鋼琴發表會。

她不可置信地看著我。

我再問她一次，她點頭，但馬上就擔心背譜的問題。

我說她上台可以看譜，因為我知道她會練得很熟，而看譜只是讓她安心。她聽了說已經等不及要上台了。

幾個月後，到我們的鋼琴表演會時，大家都打扮得像小小鋼琴家，又興奮又緊張。

小宇和媽媽都穿著白色的禮服，像姊妹花。她們一同坐在第一排，那是演奏者的座位。

節目準時開始，也進行得很順利，快到小宇媽媽上台的時候，我宣布了她的名字，她優雅地走上舞台，把譜擺好，深吸一口氣後，就開始了久違的《卡農》。

你值得掌聲與喝采

她的身體隨著樂聲輕輕搖動，我想雖然她等這首《卡農》三十年了，但一點都不覺得遲了，我甚至覺得《卡農》在這時候出現剛剛好。

正陶醉於琴聲時，忽然一陣風把譜吹落。

我的心臟差點停了，不知道她會怎麼處理。

會繼續彈嗎？還是會停下來？我該不該上前去幫她把譜擺好？瞬間，我也愣住了。

琴譜掉下來，先落在琴蓋上，再飄到琴鍵上，最後停在她的膝蓋上！

只見她很鎮定地拾起譜，把它擺好，用手鋪平，很從容地再彈了起來。

她還沒有彈完，但我在心裡已經開始為她鼓掌。

彈畢，大家都熱烈地拍手，她站起來敬禮，接受這掌聲，她完完全全值得這掌聲。

想起她小時候對鋼琴的想望，對《卡農》的盼望，全部在這音樂會裡實現了，小朋友們和我一起見證她對鋼琴的熱愛。

我用力地拍著手，知道這《卡農》才只是一個開始，往後她會彈更多的曲子。

她不用羨慕任何人，因為她已經擁有這曲子，擁有鋼琴，也擁有了自己的春天。

晚安，蕭邦

對十六歲的你，我想應付這些意見比彈蕭邦可能難上十倍二十倍。但我希望當你聽到這些意見時，可以想想學這首曲子的快樂，以及它給你的喜悅，這些應該比同學們的意見來得寶貴吧！

親愛的Melody：

晚上上完你的鋼琴課，在回家的捷運上，看著車外的夜色，腦中響起你彈的蕭邦華爾滋，深沉帶點悲傷。

十六歲的你，還不大懂得其中的憂愁，問你對曲子的看法，你說你喜歡那曲調。

高中一年級的你，神奇地沒有被升學壓力影響，還能繼續上著鋼琴課。

本來要給你另外一首曲子，但上課時，你沒有帶譜，而我正巧有這首曲子的譜，我們便學起這首華爾滋。

我很喜歡這首華爾滋，私下叫它《大提琴華爾滋》。曲子一開始，左手低沉地唱起悠悠的旋律，右手如吉他撥弦般地輕輕和著，潮起潮落，旋律上來又下去，如訴說不完的心事。

中間轉調到大調，如憶起快樂的往事，或許是巴黎的夏日午後，塞納河畔黃昏的散步，或是樹蔭下的白日夢；一個轉彎，時空變化，大提琴的低音旋律把我們帶回現今，過去的就過去了，巴黎會一直在，而此時此地不是更美好，何必寄予遙遠的巴黎。

閉上眼，巴黎歷歷在目，你知道它已經烙印在心裡了，永遠會在。怎麼開始，就怎麼結束，一個簡單的a小調和弦闔起了這記憶。

被蕭邦征服的十二歲的我

如沒有人會忘記巴黎一樣，沒有人會忘記他們彈的第一首蕭邦。

我的第一首蕭邦是華爾滋Op.64第二號，一堆升降記號，我看得皺眉頭，但是，當我找到了正確的和弦彈了起來，我忘不了那悸動！

升c小調和弦，高傲神祕，一串串的升降還原記號是解開蕭邦哀愁的密碼。從皺著眉頭到完全被征服的十二歲的我，一直記得第一首蕭邦，我希望你也是。

其實我更喜歡這首《大提琴華爾滋》，因為與它的邂逅太美好。

記得那是個三月天，我得開一段彎彎曲曲的山路去學院，沿路的風景非常漂亮。春天剛到，嚴寒漸漸遠去，一望無際的山坡鋪上新綠。

我開起收音機，電台傳出鋼琴樂聲，我聽得著迷。這麼一首優美的曲子，我竟然沒有聽過。

高低起伏的旋律如這段山路，每個轉彎帶來不同的回憶及風景。

待音樂播完，我也到了學校。等著廣播告訴我曲目，會是蕭邦嗎？我有不知道的蕭邦？

「我們剛才收聽的是蕭邦a小調華爾滋，作品號碼Op.34第二號。」

我愣了一下，馬上到琴房找出樂譜，把這首曲子著實地彈了一次。

鋼琴是你的救贖

所以，這是你的第一首蕭邦。我非常興奮，可能比你還興奮，不只是因為我喜歡這首曲子，而是你彈得也非常好，好得出乎我意料。

你的低音旋律不疾不徐，穩重而沉定，你的伴奏輕輕巧巧地相依偎著；你轉調的新段落展現著不同的風情，最後我們回到起初。你收起玩樂的心，再給我們一次如歌的慢板。

我稱讚你彈得好，不只是好，而是成熟。

音樂要成熟比彈得好還難，要彈出超乎實際年齡的樂聲更是難，但你做到了！

你在這一年的進步讓我驚豔，鋼琴真的成了你的救贖。

在課業繁重喘不過氣時，你告訴我幸好有鋼琴課。在補完理化，你已經累得有黑眼圈了，進到琴房來，一臉笑意地說，總算等到鋼琴課了。

沒有鋼琴課的盼望，你熬不下功課的壓力。

我聽了很是心疼，但也很高興有音樂陪著你，不至於孤單。

比他人意見更寶貴的

當你告訴我要在學校的同樂會上表演時，我更是高興。我們練習之餘，也把曲子彈得更生動。

但你告訴我，在班上練習時，同學說這曲子太冗長，也太沉悶了。

你說著眼眶就紅了。我聽了很是訝異，不知該如何安慰你。

音樂是很主觀的。我喜歡的曲子，你不見得會喜歡，而同學們的意見只能說是品味不一樣吧。

我把譜找出來，指著譜上記號Lento，告訴你這是緩板的意思。

緩慢，不只是慢板，而是更慢的速度，所以不能彈太快。

我親愛的Melody，你彈得一點也不沉悶。真的，你可以多相信我一些嗎？

我是你的鋼琴老師，我知道你有多努力，而音樂給你的意義又是如此特別，從你身上再次印證了音樂可以陶冶心靈，滋潤靈魂。

這些別人看不到，他們聽到的是緩板的華爾滋。或許對他們來說有些慢，但那並不表示你彈得不好。

大家都有意見，我們可以當參考，但並不表示我們都要認同啊！

對十六歲的你，我想應付這些意見比彈蕭邦可能難上十倍二十倍，但我希望當你聽到這些意見時，可以想想學這首曲子的快樂，以及它給你的喜悅，這些應該比同學們的意見來得寶貴吧。

蕭邦的曲子可以陪你一輩子，別人的意見聽聽就好。不要太認真，好嗎？

※ ※ ※

秋天了，我走出捷運站，一抬頭就看到月亮高掛在夜空中，不知道你有沒有看到？看看時間，我想你也到家了，可能在寫功課。

今晚你或許沒有時間再彈琴，不知道我今天告訴你的話你會不會記得？有沒有聽進去？

我想那也不重要了，知道鋼琴會陪你一輩子，蕭邦也會在，如同天上的月亮，就安心了許多。

踏著月色，哼著《大提琴華爾滋》的曲調，我慢步走回家。

晚安，親愛的Melody，晚安，親愛的蕭邦。

去去鋼琴彈，現在

某次，他不想彈琴，便胡亂彈了起來，把過去學過的東西都加在一起，或快或慢，即興起來。

我要他停，他故意不聽。我一時情急，用鉛筆指著他說：「Stupefy!」他停了下來，很興奮地問我，這是不是《哈利波特》裡面的咒語。

看看時間，我還有幾分鐘惡補一下咒語。急急翻開書，喃喃背誦著，砰的一聲門開了。

我趕忙拿出鋼琴上的鉛筆，指著門口大叫：「去去，武器走。」

小辛跳進教室，也用鉛筆指著我說：「整整——石化！」

我再叫：「呼呼，前咒現。」

這次他直指著我的額頭說：「叱叱，荒唐。」

我也快快接著：「去去鋼琴彈，現在！」

他一聽如受到咒語般地坐下彈起鋼琴後，疑惑地看看我說：「嘿，《哈利波特》沒有這個咒語啊。」我們都笑了。

※※※

小辛是四年級的新學生。剛來上課時，我們規矩地彈著鋼琴曲，當他抱怨新學的曲子太難時，我鼓勵他，試著一起分析曲子，也和他四手聯彈或變換節奏。他慢慢進步著。

某次，他不想彈琴，便胡亂彈了起來，把過去學過的東西都加在一起，或快或慢，即興起來。

我要他停，他故意不聽。我一時情急，用鉛筆指著他說：「Stupefy!」

他停了下來，很興奮地問我，這是不是《哈利波特》裡面的咒語。

我說是的。

他問是什麼意思，我說好像是可以使魔杖射出光，被擊中的人就會凍住了。

他眼神一亮：「我知道，是『咄咄失』！老師，那道光，我一直在想是不是綠色的？」

「為什麼你會認為是綠色的？我記得好像是紅色的。」

他若有所思地說：「綠色的比較酷啊。」

他看看我，很期待地問：「那你會不會彈《哈利波特》的主題曲？」

我坐上鋼琴凳說：「讓開，讓開，老師什麼不會，就是會彈《哈利波特》，聽好了。」他開心得連話都說不清楚，要我等一下，「我去叫我朋友來。」

我還來不及意識到發生了什麼事。他打開教室的門，跑到隔壁的教室吆喝著：「小葉，阿寶，快來，我的老師會彈《哈利波特》。她還會用英文說咒語，快來

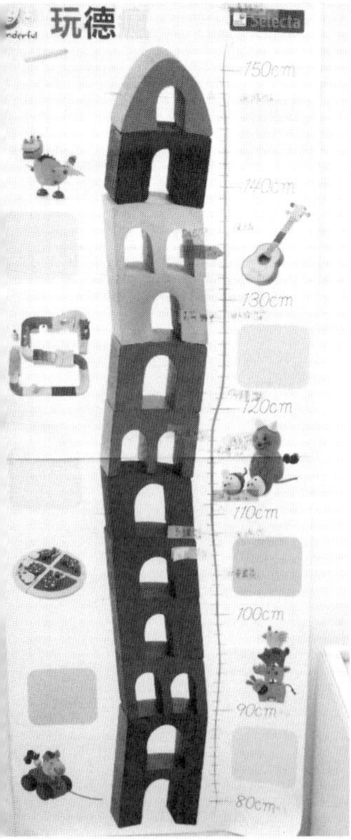

小朋友的身高表格。

啦！」

才要去阻止他，想不到小朋友們就跑來了。

「快，老師，快彈。」

我說彈完要回去上課，他們點頭如搗蒜。

記得在美國時，這首電影主題曲幾乎就和《Chopsticks》（筷子）一樣受歡迎。學琴的小朋友幾乎都會要求學《筷子》，因為簡單又好玩，兩隻手指就可以完成，雖然它毫無彈琴的章法可言，但也有趣。

自從《哈利波特》電影上映後，《筷子》很快就被電影主題曲取代了。後來，我知道要小辛聽話，只要搬出「哈利波特」就比任何咒語還好用。上完課後，他總會要求我彈「哈利波特」，有時也會換成久石讓的作品，他聽得不過癮，開始自己摸索起音符。

而我們波特迷的魔法咒語比賽在學生之間開始傳開，也是波特迷的小語加入我們的陣容。她的課在小辛之前。

上完課後，小辛進來教室，我們考驗彼此對哈利的認識。

※※※

「我先問，哈利的前女友是誰？」小辛出招。

我們大笑地說這太簡單，搶著答：「張秋。」

「換我，老師你答。第七集霍格華茲的校長是誰？」我說是鄧不利多。

他們大笑很得意地說：「錯！是石內卜。」

扼腕，這題我知道的，當然不會是鄧不利多，他在第六集就死了。

小語問：「那西追是哪個學院的？」

「嗯，會不會是葛來分多？」

「錯！」他們開心地大聲說，眼看我快輸了，只好再使出：「去去鋼琴彈，現在！」他們才依依不捨地說再見，換小辛上課。

江蕙的《家後》

一次上完課，我習慣性地等小辛點歌。

「老師，彈《家後》。」

我跌下鋼琴，江蕙嗎？

他拿出手機說：「你沒有聽過嗎？江蕙的《家後》超有名的，很好聽呢。來，你聽聽。」

他把手機湊到我耳邊。我笑了，第一次有人點《家後》，我想該好好來練習。

他分享手機上的音樂。才發現他聽的音樂很廣，有久石讓的電影配樂，有五月天，當然，還有江蕙。

看到他對音樂的喜好這麼廣，我感謝音樂的存在。

※ ※ ※

當上完課，他還在想點什麼歌時，一個人影出現在門口。

「媽媽！」小辛叫道。我起身開門，向小辛媽媽問好。

她微笑地問他上得怎麼樣，我說不錯啊，每次都有進步。

她摸摸他的頭，說這孩子很調皮，上課不是很專心。

我說，這孩子很有意思，喜歡聽江蕙和久石讓，喜歡閱讀，我常被他考倒。

堅定的守護

媽媽謝謝我，帶他出教室。他回頭指著我說：「啊哇咀喀咀啦！」

好小子，竟然使出這絕招，我也早準備好了，回敬他一個千年老咒語：「疾疾，護法現身！」

他笑了，可不是，他的護法就在他身邊。

而他不知道的是，他不知不覺中也成了我的護法，守護著我，那能量一點都不輸給哈利的雄鹿。

遠離非洲

解鈴還需繫鈴人，這麼多年的心結，在非洲的天空下終於得到了救贖，而那位老師其實也教了我很多東西。

我學到不看壞任何孩子，不冷嘲熱諷。

言語傷害其實也很具殺傷力。

學生小魚問我除了鋼琴還會什麼樂器，我說豎笛，但隨即改口說只是學過，現在已經不知道怎麼吹了，那不能算數，所以應該說除了鋼琴，我什麼都不會。

小魚很得意地說，那她比我厲害，她會直笛和鐵琴呢。

想到豎笛，心裡的感受很複雜。

※　※　※

當年考上五專音樂科時，老師告知，除了主修的樂器，還得副修一樣樂器。

我問老師要副修什麼比較好。他說長笛太多人學，競爭比較大，不如選豎笛好了。

真如老師所說的，一問之下，我們這一年級不過三個人副修豎笛，其他都選了長笛。

我佩服老師的遠見。註冊時，就填了豎笛為副修，爸爸也帶我去買了樂器。

用唯一的雨衣，包好豎笛

豎笛並不便宜，爸爸帶我去選購，但我不會吹，只好請老闆的女兒來試吹看看。

她是學長笛的，與吹豎笛的嘴形不大一樣，但吹出了聲音，我們說可以了，就這一支。

回家的路上，下起了雨，爸爸停了摩托車，叫我趕快把豎笛用唯一的雨衣包好。

在雨中，我們手忙腳亂，像包寶藏一樣地裹好豎笛再上路。雨越下越大，打在爸爸的身上，打在我的身上。我緊緊地抱著豎笛。

※　※　※

新的樂器，很新奇，但我不會裝，也不會吹，很期待上課。

老師看來很嚴肅，不苟言笑。她先教我裝樂器，然後要我握好樂器，嘴巴要咬著吹嘴，腹部出力，吹。

啊，可憐的老師，可憐的我，吹出的聲音真是慘不忍「聽」啊。

老師似乎也習慣了，第一堂課，矯正嘴形就花了全部的時間。我想這可要多練習。

※　※　※

在琴房裡練習豎笛。剛開始，明明整個臉都已經漲紅了，還是沒發出半點聲音，非常洩氣。好不容易有了聲音出來，卻吹得如殺雞般地可怕。

更可怕的是，同學們在琴房外聽到了，毫不留情地大笑，還招呼別的同學一起來竊聽，後來，我就不在學校的琴房練習了。

在家裡練習的話，怕吵到，也怕嚇到別人。門窗關得緊緊的，才敢拿出樂器練習。

當吹得都快腦中風時，總算有了聲音，但聲音要變成音樂，還得再練習。

我們三個副修的同學很快就變成好朋友。我們發現老師上課時都很兇，嘴形不對，或音準不對時，老師會嘆氣，皺著眉頭說：「你們這些副修的真的很爛。」

有時候，學姐進來等上課，老師也會對她們抱怨，說她多不喜歡教副修的，素質很差。

我聽了，不知如何是好。學姐也不知作何反應，只在一旁陪笑著。漸漸的，我越來越不喜歡上豎笛的課。

老師一開始就看壞我的態度，當然沒有多大的幫助。上課時吹得不好，老師不免冷嘲熱諷一番。

我發現只要臉皮夠厚，熬過那一堂課，也沒有太難。反正，老師早說過，副修的素質都很差了，又何必花時間練習呢？

想起爸爸，於是苦練

但，我也有良心發現的時候，想到那個爸爸要我用雨衣包好豎笛的下雨天，我又乖乖地拿起來練習，也發誓這次上課，一定要讓老師稱讚。

我便花了很長的時間，練習很困難的降b小調音階。這音階的指法很複雜，練習了很久，才有了不錯的成效。

上課時，我很得意的吹給老師聽，對流暢的音階，我自己感到很滿意。吹完，老師什麼話也沒說，只在譜上打個勾，說：「下次練這個。」

期末，我們都有術科考試，我們三個副修為彼此伴奏練習，這時候就必須在學校練習了，同學們在琴房外面聽得樂不可支。

我們一放炮，音破了，還是走音，就聽到外面傳來爆笑聲。

我們不去管她們。為了藝術，我們犧牲了自尊。

考試時，我們三個一起進去。老師一看到我們，對其他的評審老師說：「我很倒楣，今年的副修都是我教，素質很差。」

其他老師笑笑，沒有應聲，要我們準備好就開始。

考試還算順利。考完後，我開始後悔當時選了豎笛。

※ ※ ※

副修的三年，老師對我們的態度始終如一地厭惡我們。

當第四年，不用再修副修時，我總算可以脫離豎笛了，便把它收在衣櫃的最裡面，不想再看到它。

也因為這個可怕的學習經驗，我非常討厭豎笛的聲音。音樂欣賞課，聽到豎笛的部分，我都快轉，把它跳過。

莫札特帶來改變

然後，莫札特就出現了。在非洲的大草原裡，翱翔在寬廣的天空下，勞勃瑞福在空中駕駛著飛機，由前座伸出手，握住後座梅莉史翠普的手時，如美酒倒進喉嚨般的濃郁樂聲從天而降，原來，這樂聲是愛情，是天空，是非洲，是飛翔。

萬般的柔情在它的吹奏之下，樂聲不再只是樂聲，它是空氣裡不可缺的氧氣。它，是豎笛。

我震驚地發現，原來，豎笛的聲音這麼風情萬種，雖然不像長笛的絢麗活潑，但它呈現的是另一個層面的世界與時空。

《遠離非洲》的電影我看了很多次，莫札特豎笛協奏曲的第二樂章，平反了我對豎笛的心結。

而後來，當我有機會彈奏蓋西文的《藍色狂想曲》時，更驚豔豎笛可古典，亦可爵士的特質。我對不起這個樂器及它的樂聲。

因為莫札特，現在我聽到豎笛，不再是老師的冷嘲熱諷，而是那如冬天的熱可可，安慰人心般的溫暖。

※※※

解鈴還需繫鈴人，這麼多年的心結，在非洲的天空下終於得到了救贖，而那位老師其實也教了我很多東西。

我學到不看壞任何孩子，不冷嘲熱諷。言語傷害其實也很具殺傷力。豎笛和我這輩子修不成正果，但我很高興可以當個聽眾，知道在任何不順的日子，只要放上莫札特的豎笛協奏曲，它將帶我飛向非洲的天空。

姊姊的夢想

導師說最近一次評鑑，我們班的總分竟然是五年級裡最低的。他去查，才知道問題出在上課出席率。他指著歡歡，說：「就是你，缺課太多，把我們的總分拉了下來。」

乘坐捷運電梯時，喜歡看牆上的海報有什麼表演。忽地，一個熟悉的身影和名字出現，還來不及仔細看，電梯已經把我帶到出口。

我不死心地再坐電梯下來看海報，那熟悉的名字真的就是他，小弟！當然，他現在不可能再被我們這樣叫了。海報上大大的字體寫著：「國際小提琴巨星，回鄉演出」。

我馬上打了電話給小弟的姊姊，歡歡，與她分享這消息。電話響起，在鈴聲中，我回到了過去。

※※※

歡歡是我五專音樂科的同學。我們同是鋼琴組，號碼又在前後，所以變成好朋友。同學了兩三年後，有一天，我突發奇想地問她認不認識我的阿嬤，因為歡歡和阿嬤同姓。

她說不認識，我也覺得不可能，因為歡歡的家在中部，而我的老家在台南。我回家問阿嬤，阿嬤說她的表舅就是住在中部，結果，歡歡真是我的親戚。論輩分，我竟然還得叫她一聲表姑！有了這層關係，我們就更要好了。

五年級時，課比較鬆，多了很多自由的時間，因為我要準備出國讀書，便把《空中英語教室》和隨身聽帶到學校自習，歡歡也會和我一起聽。問她畢業有何打算，她說可能去音樂教室當老師，也有可能在爸爸公司幫忙，還不確定。

歡歡的鋼琴彈得很好，看似小小的手，卻可以輕而易舉地彈起李斯特的大曲子。

記得她練了一首《弄臣》，兩隻手可以當四隻手彈，簡直把鋼琴整個彈遍了，技巧出神入化。

我聽了後，只慶幸老師沒有給我這曲子。

一次放假，我去中部找她玩。遊山玩水之餘，回到她家休息，正想小憩，聽到小提琴的樂聲不知從哪裡傳了出來。聽得出拉琴者才在摸索曲子中，所以拉得不是很悅耳。

我問是誰在拉琴，她說是小弟。我要她去叫他不要練了，姊姊要休息。

她說小弟就要參加比賽，得加緊練習。所以，不但午覺沒有睡成，還因為魔音穿腦，我提早回台南。

為小弟伴奏出征

後來，歡歡常請假，一次、兩次我也不以為意。等到次數多了，才知道因為小弟比賽一直晉級，歡歡為他鋼琴伴奏，也跟著去比賽。

接著她的功課落了一些。回學校上課，看起來都滿累的，不過，也很少聽到她在抱怨。我還是聽我的《空中英語教室》。
她問我準備得如何。我說畢業後考托福，鋼琴還會繼續上課，因為到了美國還要再考試的。
她為我加油，在我旁邊的位置坐下，把隨身聽的另外一個耳機拿過去聽。

導師鐵青著臉

專五的最後一個學期，下午沒有課，蟬聲囂張地響徹相思林，教室裡有我背誦英文的聲音，有同學背誦義大利文、德文的聲音。歡歡有時候就不見了，才知道她又隨小弟出征。
導師那個時候已經很少管我們，他也知道大家都為畢業的事情在忙著，所以給我們很大的空間。
不過，一次的朝會，導師鐵青著臉進教室來。我們都覺得很奇怪。
他說最近一次評鑑，我們班的總分竟然是五年級裡最低的。他去查，才知道問題出在上課出席率。

他指著歡歡，說：「就是你，缺課太多，把我們的總分拉了下來。」

導師說完，大家都看向歡歡。

她低下頭，咬緊嘴唇。

我想告訴導師，因為她為小弟伴奏，跟他一起去比賽，才沒有來上課的。但，歡歡都沒有說什麼了，我又能怎麼樣呢？

後來畢業，我就出國了，歡歡和我都一直保持聯絡。

她回家鄉教書，過了幾年就結婚了，有兩個可愛的小孩。她教他們彈鋼琴，小弟也教他們拉小提琴。

孩子們很崇拜小弟，把他當小提琴王子，他也真的是小提琴王子。

小弟音樂比賽成績很好，大學就出國念書了，現在已經是國外大學的教授，趁暑假回國來舉行音樂會。

※　※　※

電話接了起來，歡歡的聲音。

「嗨，我是獅子。我看到小弟的海報耶，他要回來演奏，你有沒有要來聽？」

歡歡說她恐怕走不開。我笑說真不敢相信，我曾經要他不要練習了，因為姊姊要睡午覺，她也笑了。

我說她是個很棒的姊姊，一定要告訴孩子們。她笑笑說不用了，不過，她一直告訴孩子她的夢想。

我問是什麼，她說出國念書。

不知是不是馬路上的灰塵跑到我的眼睛，我忽然眼睛一熱，說不出話來。

她在電話的一頭繼續說：「我好希望可以出國念書，不然，去外面走走也好，就一個人，我自己，那該有多好。」

她要我保持聯絡，我說一定。

※ ※ ※

幾天後，我收到歡歡寄來的蘋果，她說是她那邊的特產，雖然季節已經快過了，應該還不錯。

我洗了一個來吃，咬了一口，酸酸甜甜的，就如姊姊的夢想。

記得當時年紀小

我國中時的理化不好，雖然也去補習加強，但就是考不理想。那時候的導師應該很頭痛，因為我們是A段班，分數一平均下來，被這些考不好的學生拉下不少。

導師雖然沒有找爸爸媽媽約談，但從老師看我的神情，我知道自己做錯了什麼。

C打電話來說小孩好不容易去參加夏令營，有個空檔，她要搭火車上來看我。

我笑問：「怎麼說『好不容易』，好像巴不得孩子不在身邊？」

她說當媽媽是7-ELEVEn，沒有休息的一天。現在天賜良機，夏令營有兩天，她要好好把握。我們趕快約了隔天的中午。

我問她想去哪裡。要不要去看展覽？

她馬上說天氣太熱了，哪裡也不想去，就來看我。

「乾脆我買午餐去好了。」她說。我大笑答：「太好了，那就買鐵路便當。」

※※※

掛上電話，不禁想起有一年，我在H市教書。每週有一天的課，C也在那裡教書，我們便約好下了班在火車站見面。

我下課後，從學校走到火車站。等火車的同時，C會來與我碰面。她總是帶西點麵包和飲料來給我當晚餐。

我們在候車室聊天吃東西，等我的車到了，她再回家。

在H市教書的那一年，現在想起來C沒有一次不來陪我，而我也覺得理所當然。

※※※

C不是普通的朋友，我們八歲就認識了。

小學二年級時，她轉來我們班上，因為我們同樣高，便坐在一起，而我們的名字裡竟然都有個相同的字。自此之後，我們給彼此的信件，開頭和署名都用那個字。

時間用飛的，嘩嘩嘩地四十個年頭就這樣從指尖溜走了。倏地，站在我面前的是四十多歲容顏的C。我們互看彼此，一點也不覺得有什麼變了。

我們在客廳坐下，面對面。她看出去的是台北遠方的山，而我看到的是一張烙印在童年的臉，總是好奇的大眼睛，總是爽朗的笑聲。

問起她的小孩，小襄，她說今年也十三歲了。我大吃一驚，什麼？這麼快？長得已經比我們高了，很愛畫畫的一個孩子，從小時候起，會拿筆後，手就沒有離開過畫紙。

記得上次去看她，家裡到處都是小襄的畫，顏色鮮豔，筆觸大膽。再瞧瞧小襄，小小的個子，調皮活潑，問她給阿姨一幅畫好不好。

她皺起眉頭，沒有說好，也沒有說不好。

我想這些畫真的都是她的生命，豈可分開？

多看孩子的優點

去年，她們面臨了一個難題。小襄想上美術班，但不知道美術班的教法，她會不會適應。小襄屬於創作型的孩子，她不喜歡太制式化的教法。

幾經考慮，還是去讀了美術班。

雖然畫畫課不盡都是她喜歡的主題，但小襄很珍惜可以畫畫的時間，反而是普通科目帶來了意外的壓力。

小襄的理化不是很好，C笑說這個像她。她也了解小襄盡力了，知道小襄的強項不在此，但是導師常約談。她也不知道要怎麼告訴老師，再多的約談或補習也無法改善小襄的理化成績。

我了解，因為我國中時的理化不好，雖然也去補習加強，但就是考不理想。爸媽很能接受這個事實，常常鼓勵我，告訴我只要盡力了就好。

我想，那時候的導師應該很頭痛，因為我們是A段班，分數一平均下來，被這些考不好的學生拉下不少。

導師雖然沒有找爸爸媽媽約談，但從老師看我的神情，我知道自己做錯了什麼。

C說她也記得，所以不希望小襄有這樣的經驗。

她很希望導師可以多看看小襄的優點，而不是著重在她考不好的科目上。

我想台灣的學生不管讀什麼班，壓力都是一樣大的。

※※※

說起壓力，我問C記不記得我們小時候的音樂班，那時叫節奏樂隊班。四年級的時候，老師把我們編在一個班級，分配了樂器給每個同學，每天我們有一堂合奏課，大家練練樂器，上上樂理課，寒暑假時還得回學校練習。

同學常常聚在一起練習樂器，不會彈或吹的同學總有人幫忙。因為音樂，所以同學之間有很特別的聯繫；因為練習，所以同學之間也有很好的默契；因為好玩，所以就不覺得有壓力。

那時候，我們參加比賽，得了獎，還遠征到台北的福星國小參加省賽。說著說著，我激動地搖著C說：「福星國小，你記得嗎？我們第一次到台北來，就是來比賽呢！」

C搖搖頭，說她不記得福星國小。倒是記得練習節奏樂隊時有很大的壓力，而且那壓力還是來自我。

「我？真的？怎麼會呢？」我吃驚地問。

她笑說那時有一首曲子，最後有一小段鋼琴獨奏，老師要我多練習。

記得那時只要有時間，我就乖乖地在教室練琴，一遍又一遍，一遍又一遍。

每次老師要我彈，她就會很緊張，替我緊張。每次上合奏課，她就壓力很大——為我壓力很大。

彈不好，就再彈一次

那首曲子是《玩具兵進行曲》，其實最後的那段獨奏，現在想起來真的不算什麼，就只是兩個八度的下行半音音階，如玩具兵排在一起，一個接一個倒下來，而我的音階就是那畫面的配音。小時候不夠穩，有時候彈得好，有時候彈得不好。

我好像也不緊張，因為我很努力練習，剩下的就看看那天的表現和運

氣，只是沒有想到C卻為我那麼擔心。

她說當時很多同學羡慕我會彈鋼琴，但因為這獨奏，看到我所受到的壓力，他們反而慶幸自己不會彈琴。

我哼起《玩具兵》的旋律，有著樂聲的童年似乎就是不一樣，不管何時回頭看，總是快樂無憂的，如玩具兵的十六分音符，跳躍地過每一天。

即使要面臨獨奏的壓力，可能因為C一直為我禱告。可能知道彈不好，就再來一次，就覺得沒有什麼大不了的。

看看時間，C得趕火車回去接小襄了。我陪她走到火車站，想起小時候，我們放學時總是一起走田埂回家。那時八歲的我們，也是這樣一路有說有笑；幾十年後，她陪我在火車站，吃麵包等火車；到了現在，我送她到火車站，謝謝她來看我。

她皺眉頭說：「這有什麼好道謝的？」

我突然有些感傷地問，當我們六十歲的時候，她還會來看我嗎？

她想都沒想，答道：「當然啊。」

在車站上，看她走進月台，對即將來臨的未來，感到很安心。
走在回家的路上，想著玩具兵的音樂，好想再試試那音階。
我知道這次絕對不可能失敗，因為童年的音樂與笑聲，永遠永遠都不會消失。

給我一首歌的時間

她忽地臉色一沉說：「開學後，可能就沒辦法再繼續教音樂課了，樂團活動也可能要被停掉。」

我問：「為什麼？」

她說：「國中的升學壓力很大，學校認為音樂課可以不要上那麼多，直接把音樂課改來加強別的學科。」

趁暑假和朋友小倩約見面。走在熱鬧的人潮裡，受不了暑氣，我們轉進巷子裡，直接躲進咖啡廳，在靠窗的位置坐下。

從二樓陽台上望出去一片的綠，倒也愜意。

小倩也是鋼琴老師，在國中當音樂老師，以前在美國讀書的時候，我去紐約找

習。

過她。那時，我要與管弦樂團表演蓋西文的《藍色狂想曲》，所以請她幫我合奏練習。

問她記不記得那個時候我們去醫院聯誼廳彈琴，因為那個聯誼廳有兩台鋼琴，剛好可以練習雙鋼琴。

她搖頭說，要不是我堅持，她不可能隨便到一個地方，就彈他們的鋼琴。

我說鋼琴本來就是要給人彈奏的，不是擺設品，只要沒有人出來阻止就行了。

那也是個夏天，紐約的夏天可以飆到攝氏四十度。練完琴，我要請她吃飯，她卻很堅持要回她的公寓，下廚做飯給我吃。

她的公寓在三樓，沒有電梯，兩個房間，一個衛浴和廚房。她住沒有冷氣、比較小的那個房間。

在廚房裡，她滿頭大汗地又是煮飯，又是炒菜，還變出了三道菜。

我問她為什麼當時那麼堅持要煮飯。大熱天裡，她的住處又小，我們去餐廳吃不是更省事？

她想了想說，因為她很喜歡做飯，也喜歡有人陪她一起吃飯，所以就不覺得累了。我聽了有些心疼。

提早兩年，拿到碩士學位

想我認識她時，她還是個小妹妹。她的表姊是我的朋友，小倩那時到美國讀高中，她的表姊要我多照顧她，所以小倩有時候樂理不懂，都會打電話來問我。

我提起這事，她連忙否認，說一定是我記錯了，因為她的樂理很強。

她有些不好意思地說，她大學三年沒有上過樂理，因為程度很好，學校有跳級的制度，她五年就把大學和研究所的課都修完了。

她說不快也不行，因為家裡的經濟出了些問題。本來差一點要休學的，但她的哥哥告訴她不要擔心學費，他會想辦法，而這個小妹妹也很認真地早了兩年拿到了碩士學位。

被犧牲的音樂課

回到台灣後，她在國中當音樂老師，也教鋼琴。

她告訴我，上直笛課時，有些古靈精怪的學生因為直笛都沒有按到最後一節的笛子（直笛是三節部分組合起來的），就只接了兩節的笛子。

她覺得奇怪，為什麼曲子聽起來就是少了半音，才知學生自作聰明地發明了新樂器。我聽了哈哈大笑。

她也介紹日本卡通《琴之森》給學生，說他們都很喜歡裡面彈鋼琴的小朋友。上音樂課，很多樂趣。

不過，她忽地臉色一沉說：「開學後，可能就沒辦法再繼續教音樂課了，樂團活動也可能要被停掉。」

我問：「為什麼？」

她說學校因為經費不夠，決定把合唱團停掉，也因為學生人數越來越少，學校把她調去教心理輔導，音樂課則另外找外面兼任的老師來上。

國中的升學壓力很大，學校認為音樂課可以不要上那麼多，直接把音樂課改來加強別的學科。

「但，你是專業的音樂老師呢。」我說。

她說她爭取過，但學校已經做了決定，無法改變。

記得以前讀國中時，我很喜歡上音樂課，唱唱歌，聽聽音樂，一個禮拜也才一堂，真的不多，但這音樂的喜悅也不過維持了一個學年。

上了二年級，多了物理、化學，音樂課也被拿來複習國文或數學。到了國三，更不用說了，音樂課早沒了，還加了早自習與晚自習。

珍惜唯一一班的音樂課

小倩說現在的國中生壓力又比以前大，而音樂老師沒有任何權利來爭取音樂課。另外一方面，她也上音樂班學生的鋼琴課。音樂班的學生競爭得更厲害，曲子都彈得很大，學生練得很辛苦，但等到真正會考時，又只給他們兩分鐘的時間，根本無法完整地展現整首曲子。她覺得好可惜。

她嘆了一口氣，但隨即像想到了什麼，臉上有了光彩，她說至少還有國一的音樂課，雖然才一班，她會好好珍惜。

學生們很喜歡歌唱比賽，當他們唱周杰倫的歌，她會偏心地加五分。

我們笑了起來，因為我們都喜歡周杰倫，他很有創造力，十年來沒有停止創作，會作曲，又會彈琴。

她拿出iPhone，說手機裡有他的歌。她點了點，放出了周杰倫的歌聲：

能不能給我一首歌的時間
緊緊的把那擁抱變成永遠
在我的懷裡妳不用害怕失眠
喔如果妳想忘記我也能失憶

能不能給我一首歌的時間
把故事聽到最後才說再見
妳送我的眼淚讓它留在雨天
喔，越過妳劃的線我定了勇氣的終點

我們一起唱了起來。能不能，喔，能不能給我們一首歌的時間。就一首歌，即使唱完了就要晚自習，即使彈完了就要複習功課，但一首歌的時間何其珍貴？讓我們把歌唱完，因為有了一首歌的時間，也就有了繼續的衝勁。我們這樣希望著。

兒童餐

我走過他們，媽媽的聲音在這麼寧靜的夜裡繼續轟炸著。是什麼事讓媽媽這麼生氣？是考試？是沒有來得及做完的功課？還是忘了帶什麼回家？

忙了一天，把琴房收拾一下，吃過簡單的晚餐，我出去走走散散步。過了繁忙的馬路，就是八米寬的人行道了。

我喜歡走在這人行道上，白天雖然車水馬龍，但有著成群飛舞的鴿子，總讓我想起威尼斯的聖馬可廣場，就覺得欣喜。

孩童看到鴿子已經笑開，一定跑著追趕一番，或小狗遇到了鴿子，也要興奮地對牠們吠叫幾聲，以壯聲勢。

但在夜晚，微風徐徐，鴿子也不知到哪裡休息去了，看不到蹤影，只剩下小葉欖仁樹在夜色裡映出如畫的影子。

我走著走著，被一群孩童擋在路中央，他們或坐或跑地佔據了走道，追逐著、嬉笑著，熱鬧得很。

原來是一家英文補習班下課了，孩子們並不因為上了一天的課而沒精神，反而因為下課，而更加開心地玩鬧著。

他們看到了接送的爸媽，依依不捨地和同學們揮手再見。隨著爸媽一起離開，坐上車子，或走向公車站，或跨上接送的摩托車，如散會的電影院，上演著以後他們可能會想起的童年。

月亮跟著我回家

想起小時候去上鋼琴課時媽媽的接送。因為剛開始學琴時，家裡沒有鋼琴，媽媽得帶我到老師家練習，她陪著我練琴。

辛苦地叮叮咚咚後，我又坐上媽媽的摩托車，在月亮的陪伴下回家。我緊緊地抱著媽媽，她總會叮囑著我不要睡著了，就快到了。

我會看著月亮，看它是不是一路跟著我回家。月亮從來沒有讓我失望，到家時，它總是還在。

補習班的記憶，我依稀記得一些，不過真正開始補習，是國小畢業那年夏天，在ＡＢＣ的背誦聲裡，進入了國中生涯。

國中生的日子雖然一年比一年難過，但補習時有同學們一起。記憶裡補習班的老師不會因為功課不好而處罰我們，所以並不排斥去上課。

小小的教室裡擠滿了四、五十個學生，寫不完的測驗卷和功課。那時學了些什麼，很遺憾地，現在都想不起來了。

失控的母親

看這些小朋友們，個子都不高，想必是國小四、五年級的學生，這麼小就開始了補教人生，不知是幸或不幸？看他們玩得這麼開心，應該是開心的事。

我走過他們，忽地聽到了一連串高音量的咆哮。我嚇了一跳，往聲音的源頭找了過去，在路旁看到了一位女子非常生氣地叫罵。

她氣得發抖，音調越罵越高，幾乎蓋過了車聲。不知道是什麼事讓她這麼生氣。

我從她的方向看過去，看到了一個小小的身影，站著離她有幾步的距離。那是她的小孩嗎？那是孩子的媽媽嗎？她繼續不停地罵著，對著那小孩子。

他站得遠遠地，不敢靠近，但也不敢走遠。

小朋友們似乎知道這是戰區，也都離得遠遠的，沒有靠過來。

我走過他們，媽媽的聲音在這麼寧靜的夜裡繼續轟炸著。

是什麼事讓媽媽這麼生氣？是考試？是沒有來得及做完的功課？還是忘了帶什麼回家？是什麼？

我走過他們，好像也被罵了般，腳步輕快不起來。我捨不得那位媽媽，在忙了一天後，好不容易等到孩子放學，想不到孩子竟然忘了帶課本回家，已經叮嚀他很多次了，但他還是那副模樣。

我也捨不得那位小朋友，上了一天的課，從早上八點到現在也十二個小時了，他只想趕快回家。

媽媽也一定想回家休息了，但因為他還是個小孩，犯了小孩子會犯的錯，他被處罰。

我也捨不得我自己，只是想好好散個步，想不到被流彈掃到，也沒了興致。草草買了麵包，像打了敗仗，垂頭走回家。

那晚睡覺前，腦海裡一直映著那位小朋友站得遠遠的畫面。

他站在樹下，媽媽站在路燈下，不能回家，還不能回家。對不起，媽媽，我真的很對不起。已經告訴你多少次了，你就是這樣不聽話，就是這樣讓我生氣……

我把枕頭蓋上耳朵。

孩子，你好棒

後來，我就繞過補習班，走另外一條路去散步。

巷弄後的寺廟在晚上也關門了，新開的攝影咖啡畫廊的招牌醒目地亮著。我駐足在黑白的相片前，想著隔著一條街的光陰的故事，不知是否還上演著？小朋友後來回家了，是否還得寫功課？媽媽是否還生他的氣？

人是健忘的，因為不久後，我又習慣地走回了大馬路旁的人行道，看到小朋友們在路上嬉戲，才想起他們下課了。

天空下起小雨，大家熱鬧地躲到騎樓下，小朋友們不忘跑步追逐著。我小心地躲著他們，繼續走著。

昏暗中，一個媽媽撐著傘摟抱著小朋友，碎步走過我。

「真的嗎？你真是太棒了！」媽媽溫溫柔柔地說。

嘻嘻嘻，小朋友笑著。我愣住了，停在人群中。

那位媽媽說：「孩子，你好棒，你好棒！」

沒有，我沒有聽錯。我繼續走著，你好棒。

我笑了，越想越開心，笑出聲來。

走到麥當勞，店員問我要什麼，看著牆上的菜單，想也沒想，說：「兒童餐，和二號玩具，謝謝。」

孩子，你好棒。拿著小叮噹的玩具。我想，今晚的小朋友可以回家，可以好好地依偎在媽媽身邊。

在雨中，天塌下來，也不會怕了。

在琴鍵上學自信

新書簽講會

獅子老師

時間：2013年6月29日（六）14：30～16：30
地點：金石堂信義店
地址：台北市信義路2段196號5樓（02-2322-3361）

洽詢電話：**(02)2749-4988**

（免費入場，額滿為止）

國家圖書館預行編目資料

在琴鍵上學自信／獅子老師著. --初版. --台北市：寶瓶文化, 2013. 05
面； 公分. --（catcher：56）
ISBN 978-986-5896-31-7（平裝）
1. 初等教育 2. 兒童教育 3. 通俗作品

523. 3 102009515

catcher 056

在琴鍵上學自信

作者／獅子老師
主編／張純玲

發行人／張寶琴
社長兼總編輯／朱亞君
主編／張純玲・簡伊玲
編輯／禹鐘月・賴逸娟
美術主編／林慧雯
校對／張純玲・陳佩伶・吳美滿・獅子老師
企劃副理／蘇靜玲
業務經理／盧金城
財務主任／歐素琪 業務助理／林裕翔
出版者／寶瓶文化事業有限公司
地址／台北市110信義區基隆路一段180號8樓
電話／(02)27494988 傳真／(02)27495072
郵政劃撥／19446403 寶瓶文化事業有限公司
印刷廠／世和印製企業有限公司
總經銷／大和書報圖書股份有限公司 電話／(02)89902588
地址／台北縣五股工業區五工五路2號 傳真／(02)22997900
E-mail／aquarius@udngroup.com
版權所有・翻印必究
法律顧問／理律法律事務所陳長文律師、蔣大中律師
如有破損或裝訂錯誤，請寄回本公司更換
著作完成日期／二〇一三年二月
初版一刷日期／二〇一三年五月
初版三刷日期／二〇一三年五月三十一日
ISBN／978-986-5896-31-7
定價／三〇〇元
Copyright©2013 by Yi Ching Wang
Published by Aquarius Publishing Co., Ltd.
All Rights Reserved
Printed in Taiwan.

AQUARIUS 寶瓶文化事業

愛書人卡

感謝您熱心的為我們填寫，
對您的意見，我們會認真的加以參考，
希望寶瓶文化推出的每一本書，都能得到您的肯定與永遠的支持。

系列：catcher 56　**書名：在琴鍵上學自信**

1. 姓名：＿＿＿＿＿＿＿＿　性別：□男　□女
2. 生日：＿＿＿年＿＿＿月＿＿＿日
3. 教育程度：□大學以上　□大學　□專科　□高中、高職　□高中職以下
4. 職業：＿＿＿＿＿＿＿＿
5. 聯絡地址：＿＿＿＿＿＿＿＿＿＿＿＿＿＿＿＿
   聯絡電話：＿＿＿＿＿＿＿＿　手機：＿＿＿＿＿＿＿＿
6. E-mail信箱：＿＿＿＿＿＿＿＿＿＿＿＿
   □同意　□不同意　免費獲得寶瓶文化叢書訊息
7. 購買日期：＿＿＿年＿＿＿月＿＿＿日
8. 您得知本書的管道：□報紙／雜誌　□電視／電台　□親友介紹　□逛書店　□網路
   □傳單／海報　□廣告　□其他
9. 您在哪裡買到本書：□書店，店名＿＿＿＿＿　□劃撥　□現場活動　□贈書
   □網路購書，網站名稱：＿＿＿＿＿＿　□其他＿＿＿＿＿
10. 對本書的建議：（請填代號　1. 滿意　2. 尚可　3. 再改進，請提供意見）
    內容：＿＿＿＿＿＿＿＿＿＿
    封面：＿＿＿＿＿＿＿＿＿＿
    編排：＿＿＿＿＿＿＿＿＿＿
    其他：＿＿＿＿＿＿＿＿＿＿
    綜合意見：＿＿＿＿＿＿＿＿＿＿＿＿＿＿＿＿＿＿
11. 希望我們未來出版哪一類的書籍：＿＿＿＿＿＿＿＿＿＿＿＿

讓文字與書寫的聲音大鳴大放

寶瓶文化事業有限公司

（請沿此虛線剪下）

廣　告　回　函
北區郵政管理局登記
證北台字15345號
免貼郵票

寶瓶文化事業有限公司　收

110台北市信義區基隆路一段180號8樓

8F,180 KEELUNG RD.,SEC.1,

TAIPEI.(110)TAIWAN R.O.C.

（請沿虛線對折後寄回，謝謝）